El Poder de Jesús

Evangelista David García

Reservados todos los derechos. No se permite la reproducción total o parcial de esta obra, ni su incorporación a un sistema informático, ni su transmisión en cualquier forma o por cualquier medio (electrónico, mecánico, fotocopia, grabación u otros) sin autorización previa y por escrito de los titulares del copyright. La infracción de dichos derechos puede constituir un delito contra la propiedad intelectual.

El contenido de esta obra es responsabilidad del autor y no refleja necesariamente las opiniones de la casa editora. Todos los textos fueron proporcionados por el autor, quien es el único responsable sobre los derechos de los mismos.

Publicado por Ibukku
www.ibukku.com
Diseño y maquetación: Índigo Estudio Gráfico
Copyright © 2020 Evangelista David García
ISBN Paperback: 978-1-64086-749-9
ISBN eBook: 978-1-64086-750-5

Índice

PRINCIPIO DE SEÑALES DE JESÚS	5
PARÁBOLA DEL SEMBRADOR	7
JESÚS EXPLICA LA PARÁBOLA DEL SEMBRADOR	8
JESÚS EL CAMINO AL PADRE	9
PABLO RELATA SU CONVERSIÓN	11
CRUCIFIXIÓN Y MUERTE DE JESÚS	12
LA RESURRECCIÓN DE JESÚS	15
DANIEL EN EL FOSO DE LOS LEONES	16
ELÍAS Y LOS BAALES	20
LA SALVACIÓN DE DIOS SOBRE NÍNIVE	23
JONÁS HUYE DE JEHOVÁ	25
ORACIÓN DE JONÁS	27
JESÚS LAVA LOS PIES DE SUS DISCÍPULOS	28
LA VENIDA DEL HIJO DEL HOMBRE	30
ELISEO Y NAAMÁN	33
DESTRUCCIÓN DE SODOMA Y GOMORRA	37
LA NUEVA JERUSALÉN	41
JESÚS Y LA MUJER SAMARITANA	43
SANSÓN EN GAZA	44
LA RESURRECCIÓN DE LOS MUERTOS	47
CAYERON LOS MUROS DE JERICÓ	48
MOISÉS Y AARÓN ANTE FARAÓN	52
EL ÁNGEL Y EL ASNA DE BALAAM	55
ANDAD COMO HIJOS DE LUZ	58
ELÍAS HUYE A HOREB	59

EL VIENTO Y EL MAR LE OBEDECEN	62
PEDRO ES LIBRADO DE LA CÁRCEL	63
LA VENIDA DEL ESPÍRITU SANTO	66
JESÚS ANDA SOBRE EL MAR	68
LA SANA DOCTRINA	70
JESÚS EN LA CASA DE SIMÓN	72
AGUA DE LA ROCA	74
CIELO NUEVO Y TIERRA NUEVA	76
EL JUICIO DE LAS NACIONES	77
DIOS DA EL MANÁ	79
DORCAS ES RESUCITADA	81
EL AFÁN Y LA ANSIEDAD	82
JESÚS SANA A LOS ENFERMOS	83
JESÚS Y NICODEMO	85
EL CIEGO BARTIMEO RECIBE LA VISTA	87
BONDAD DE DAVID HACIA MEFI-BOSET	88
EL AMOR	90
EL PARALÍTICO DE BETESDA	92

PRINCIPIO DE SEÑALES DE JESÚS
Juan 2:1-12 / Reina-Valera 1960 (RVR1960)

Las bodas de Caná

1 Al tercer día se hicieron unas bodas en Caná de Galilea; y estaba allí la madre de Jesús.

2 Y fueron también invitados a las bodas Jesús y sus discípulos.

3 Y faltando el vino, la madre de Jesús le dijo: No tienen vino.

4 Jesús le dijo: ¿Qué tienes conmigo, mujer? Aún no ha venido mi hora.

5 Su madre dijo a los que servían: Haced todo lo que os dijere.

6 Y estaban allí seis tinajas de piedra para agua, conforme al rito de la purificación de los judíos, en cada una de las cuales cabían dos o tres cántaros.

7 Jesús les dijo: Llenad estas tinajas de agua. Y las llenaron hasta arriba.

8 Entonces les dijo: Sacad ahora, y llevadlo al maestresala. Y se lo llevaron.

9 Cuando el maestresala probó el agua hecha vino, sin saber él de dónde era, aunque lo sabían los sirvientes que habían sacado el agua, llamó al esposo,

10 y le dijo: Todo hombre sirve primero el buen vino, y cuando ya han bebido mucho, entonces el inferior; mas tú has reservado el buen vino hasta ahora.

11 Este principio de señales hizo Jesús en Caná de Galilea, y manifestó su gloria; y sus discípulos creyeron en él.

12 Después de esto descendieron a Capernaum, él, su madre, sus hermanos y sus discípulos; y estuvieron allí no muchos días.

PARÁBOLA DEL SEMBRADOR
Mateo 13:1-9 / Reina-Valera 1960 (RVR1960)

Parábola del sembrador

1 Aquel día salió Jesús de la casa y se sentó junto al mar.

2 Y se le juntó mucha gente; y entrando él en la barca, se sentó, y toda la gente estaba en la playa.

3 Y les habló muchas cosas por parábolas, diciendo: He aquí, el sembrador salió a sembrar.

4 Y mientras sembraba, parte de la semilla cayó junto al camino; y vinieron las aves y la comieron.

5 Parte cayó en pedregales, donde no había mucha tierra; y brotó pronto, porque no tenía profundidad de tierra;

6 pero salido el sol, se quemó; y porque no tenía raíz, se secó.

7 Y parte cayó entre espinos; y los espinos crecieron, y la ahogaron.

8 Pero parte cayó en buena tierra, y dio fruto, cuál a ciento, cuál a sesenta, y cuál a treinta por uno.

9 El que tiene oídos para oír, oiga.

JESÚS EXPLICA LA PARÁBOLA DEL SEMBRADOR

Mateo 13:18-23 / Reina-Valera 1960 (RVR1960)

Jesús explica la parábola del sembrador

18 Oíd, pues, vosotros la parábola del sembrador:

19 Cuando alguno oye la palabra del reino y no la entiende, viene el malo, y arrebata lo que fue sembrado en su corazón. Este es el que fue sembrado junto al camino.

20 Y el que fue sembrado en pedregales, éste es el que oye la palabra, y al momento la recibe con gozo;

21 pero no tiene raíz en sí, sino que es de corta duración, pues al venir la aflicción o la persecución por causa de la palabra, luego tropieza.

22 El que fue sembrado entre espinos, éste es el que oye la palabra, pero el afán de este siglo y el engaño de las riquezas ahogan la palabra, y se hace infructuosa.

23 Mas el que fue sembrado en buena tierra, éste es el que oye y entiende la palabra, y da fruto; y produce a ciento, a sesenta, y a treinta por uno.

JESÚS EL CAMINO AL PADRE
Juan 14:1-14 / Reina-Valera 1960 (RVR1960)

Jesús, el camino al Padre

1 No se turbe vuestro corazón; creéis en Dios, creed también en mí.

2 En la casa de mi Padre muchas moradas hay; si así no fuera, yo os lo hubiera dicho; voy, pues, a preparar lugar para vosotros.

3 Y si me fuere y os preparare lugar, vendré otra vez, y os tomaré a mí mismo, para que donde yo estoy, vosotros también estéis.

4 Y sabéis a dónde voy, y sabéis el camino.

5 Le dijo Tomás: Señor, no sabemos a dónde vas; ¿cómo, pues, podemos saber el camino?

6 Jesús le dijo: Yo soy el camino, y la verdad, y la vida; nadie viene al Padre, sino por mí.

7 Si me conocieseis, también a mi Padre conoceríais; y desde ahora le conocéis, y le habéis visto.

8 Felipe le dijo: Señor, muéstranos el Padre, y nos basta.

9 Jesús le dijo: ¿Tanto tiempo hace que estoy con vosotros, y no me has conocido, Felipe? El que me ha visto a mí, ha visto al Padre; ¿cómo, pues, dices tú: muéstranos el Padre?

10 ¿No crees que yo soy en el Padre, y el Padre en mí? Las palabras que yo os hablo, no las hablo por mi propia cuenta, sino que el Padre que mora en mí, él hace las obras.

11 Creedme que yo soy en el Padre, y el Padre en mí; de otra manera, creedme por las mismas obras.

12 De cierto, de cierto os digo: El que en mí cree, las obras que yo hago, él las hará también; y aún mayores hará, porque yo voy al Padre.

13 Y todo lo que pidiereis al Padre en mi nombre, lo haré, para que el Padre sea glorificado en el Hijo.

14 Si algo pidiereis en mi nombre, yo lo haré.

PABLO RELATA SU CONVERSIÓN
Hechos 22:6-16 / Reina-Valera 1960 (RVR1960)

Pablo relata su conversión

6 Pero aconteció que yendo yo, al llegar cerca de Damasco, como a mediodía, de repente me rodeó mucha luz del cielo; 7. y caí al suelo, y oí una voz que me decía: Saulo, Saulo, ¿por qué me persigues?

8 Yo entonces respondí: ¿Quién eres, Señor? Y me dijo: Yo soy Jesús de Nazaret, a quien tú persigues.

9 Y los que estaban conmigo vieron a la verdad la luz, y se espantaron; pero no entendieron la voz del que hablaba conmigo.

10 Y dije: ¿Qué haré, Señor? Y el Señor me dijo: Levántate, y ve a Damasco, y allí se te dirá todo lo que está ordenado que hagas.

11 Y como yo no veía a causa de la gloria de la luz, llevado de la mano por los que estaban conmigo, llegué a Damasco.

12 Entonces uno llamado Ananías, varón piadoso según la ley, que tenía buen testimonio de todos los judíos que allí moraban,

13 vino a mí, y acercándose, me dijo: Hermano Saulo, recibe la vista. Y yo en aquella misma hora recobré la vista y lo miré.

14 Y él dijo: El Dios de nuestros padres te ha escogido para que conozcas su voluntad, y veas al Justo, y oigas la voz de su boca.

15 Porque serás testigo suyo a todos los hombres, de lo que has visto y oído.

16 Ahora, pues, ¿por qué te detienes? Levántate y bautízate, y lava tus pecados, invocando su nombre.

CRUCIFIXIÓN Y MUERTE DE JESÚS

Lucas 23:26-56 / Reina-Valera 1960 (RVR1960)

Crucifixión y muerte de Jesús

26 Y llevándole, tomaron a cierto Simón de Cirene, que venía del campo, y le pusieron encima la cruz para que la llevase tras Jesús.

27 Y le seguía gran multitud del pueblo, y de mujeres que lloraban y hacían lamentación por él.

28 Pero Jesús, vuelto hacia ellas, les dijo: Hijas de Jerusalén, no lloréis por mí, sino llorad por vosotras mismas y por vuestros hijos.

29 Porque he aquí vendrán días en que dirán: Bienaventuradas las estériles, y los vientres que no concibieron, y los pechos que no criaron.

30 Entonces comenzarán a decir a los montes: Caed sobre nosotros; y a los collados: Cubridnos.

31 Porque si en el árbol verde hacen estas cosas, ¿en el seco, qué no se hará?

32 Llevaban también con él a otros dos, que eran malhechores, para ser muertos.

33 Y cuando llegaron al lugar llamado de la Calavera, le crucificaron allí, y a los malhechores, uno a la derecha y otro a la izquierda.

34 Y Jesús decía: Padre, perdónalos, porque no saben lo que hacen. Y repartieron entre sí sus vestidos, echando suertes.

35 Y el pueblo estaba mirando; y aun los gobernantes se burlaban de él, diciendo: A otros salvó; sálvese a sí mismo, si éste es el Cristo, el escogido de Dios.

36 Los soldados también le escarnecían, acercándose y presentándole vinagre,

37 y diciendo: Si tú eres el Rey de los judíos, sálvate a ti mismo.

38 Había también sobre él un título escrito con letras griegas, latinas y hebreas: ESTE ES EL REY DE LOS JUDÍOS.

39 Y uno de los malhechores que estaban colgados le injuriaba, diciendo: Si tú eres el Cristo, sálvate a ti mismo y a nosotros.

40 Respondiendo el otro, le reprendió, diciendo: ¿Ni aun temes tú a Dios, estando en la misma condenación?

41 Nosotros, a la verdad, justamente padecemos, porque recibimos lo que merecieron nuestros hechos; mas éste ningún mal hizo.

42 Y dijo a Jesús: Acuérdate de mí cuando vengas en tu reino.

43 Entonces Jesús le dijo: De cierto te digo que hoy estarás conmigo en el paraíso.

44 Cuando era como la hora sexta, hubo tinieblas sobre toda la tierra hasta la hora novena.

45 Y el sol se oscureció, y el velo del templo se rasgó por la mitad.

46 Entonces Jesús, clamando a gran voz, dijo: Padre, en tus manos encomiendo mi espíritu. Y habiendo dicho esto, expiró.

47 Cuando el centurión vio lo que había acontecido, dio gloria a Dios, diciendo: Verdaderamente este hombre era justo.

48 Y toda la multitud de los que estaban presentes en este espectáculo, viendo lo que había acontecido, se volvían golpeándose el pecho.

49 Pero todos sus conocidos, y las mujeres que le habían seguido desde Galilea, estaban lejos mirando estas cosas.

Jesús es sepultado

50 Había un varón llamado José, de Arimatea, ciudad de Judea, el cual era miembro del concilio, varón bueno y justo.

51 Este, que también esperaba el reino de Dios, y no había consentido en el acuerdo ni en los hechos de ellos,

52 fue a Pilato, y pidió el cuerpo de Jesús.

53 Y quitándolo, lo envolvió en una sábana, y lo puso en un sepulcro abierto en una peña, en el cual aún no se había puesto a nadie.

54 Era día de la preparación, y estaba para comenzar el día de reposo.

55 Y las mujeres que habían venido con él desde Galilea, siguieron también, y vieron el sepulcro, y cómo fue puesto su cuerpo.

56 Y vueltas, prepararon especias aromáticas y ungüentos; y descansaron el día de reposo, conforme al mandamiento.

LA RESURRECCIÓN DE JESÚS
Juan 20:1-10 / Reina-Valera 1960 (RVR1960)

La resurrección

1 El primer día de la semana, María Magdalena fue de mañana, siendo aún oscuro, al sepulcro; y vio quitada la piedra del sepulcro.

2 Entonces corrió, y fue a Simón Pedro y al otro discípulo, aquel al que amaba Jesús, y les dijo: Se han llevado del sepulcro al Señor, y no sabemos dónde le han puesto.

3 Y salieron Pedro y el otro discípulo, y fueron al sepulcro.

4 Corrían los dos juntos; pero el otro discípulo corrió más aprisa que Pedro, y llegó primero al sepulcro.

5 Y bajándose a mirar, vio los lienzos puestos allí, pero no entró.

6 Luego llegó Simón Pedro tras él, y entró en el sepulcro, y vio los lienzos puestos allí,

7 y el sudario, que había estado sobre la cabeza de Jesús, no puesto con los lienzos, sino enrollado en un lugar aparte.

8 Entonces entró también el otro discípulo, que había venido primero al sepulcro; y vio, y creyó.

9 Porque aún no habían entendido la Escritura, que era necesario que él resucitase de los muertos.

10 Y volvieron los discípulos a los suyos.

DANIEL EN EL FOSO DE LOS LEONES

Daniel 6:1-28 / Reina-Valera 1960 (RVR1960)

Daniel en el foso de los leones

1 Pareció bien a Darío constituir sobre el reino ciento veinte sátrapas, que gobernasen en todo el reino.

2 Y sobre ellos tres gobernadores, de los cuales Daniel era uno, a quienes estos sátrapas diesen cuenta, para que el rey no fuese perjudicado.

3 Pero Daniel mismo era superior a estos sátrapas y gobernadores, porque había en él un espíritu superior; y el rey pensó en ponerlo sobre todo el reino.

4 Entonces los gobernadores y sátrapas buscaban ocasión para acusar a Daniel en lo relacionado al reino; mas no podían hallar ocasión alguna o falta, porque él era fiel, y ningún vicio ni falta fue hallado en él.

5 Entonces dijeron aquellos hombres: No hallaremos contra este Daniel ocasión alguna para acusarle, si no la hallamos contra él en relación con la ley de su Dios.

6 Entonces estos gobernadores y sátrapas se juntaron delante del rey, y le dijeron así: !!Rey Darío, para siempre vive!

7 Todos los gobernadores del reino, magistrados, sátrapas, príncipes y capitanes han acordado por consejo que promulgues un edicto real y lo confirmes, que cualquiera que en el espacio de treinta días demande petición de cualquier dios u hombre fuera de ti, oh rey, sea echado en el foso de los leones.

8 Ahora, oh rey, confirma el edicto y fírmalo, para que no pueda ser revocado, conforme a la ley de Media y de Persia, la cual no puede ser abrogada.

9 Firmó, pues, el rey Darío el edicto y la prohibición.

10 Cuando Daniel supo que el edicto había sido firmado, entró en su casa, y abiertas las ventanas de su cámara que daban hacia Jerusalén, se arrodillaba tres veces al día, y oraba y daba gracias delante de su Dios, como lo solía hacer antes.

11 Entonces se juntaron aquellos hombres, y hallaron a Daniel orando y rogando en presencia de su Dios.

12 Fueron luego ante el rey y le hablaron del edicto real: ¿No has confirmado edicto que cualquiera que en el espacio de treinta días pida a cualquier dios u hombre fuera de ti, oh rey, sea echado en el foso de los leones? Respondió el rey diciendo: Verdad es, conforme a la ley de Media y de Persia, la cual no puede ser abrogada.

13 Entonces respondieron y dijeron delante del rey: Daniel, que es de los hijos de los cautivos de Judá, no te respeta a ti, oh rey, ni acata el edicto que confirmaste, sino que tres veces al día hace su petición.

14 Cuando el rey oyó el asunto, le pesó en gran manera, y resolvió librar a Daniel; y hasta la puesta del sol trabajó para librarle.

15 Pero aquellos hombres rodearon al rey y le dijeron: Sepas, oh rey, que es ley de Media y de Persia que ningún edicto u ordenanza que el rey confirme puede ser abrogado.

16 Entonces el rey mandó, y trajeron a Daniel, y le echaron en el foso de los leones. Y el rey dijo a Daniel: El Dios tuyo, a quien tú continuamente sirves, él te libre.

17 Y fue traída una piedra y puesta sobre la puerta del foso, la cual selló el rey con su anillo y con el anillo de sus príncipes, para que el acuerdo acerca de Daniel no se alterase.

18 Luego el rey se fue a su palacio, y se acostó ayuno; ni instrumentos de música fueron traídos delante de él, y se le fue el sueño.

19 El rey, pues, se levantó muy de mañana, y fue apresuradamente al foso de los leones.

20 Y acercándose al foso llamó a voces a Daniel con voz triste, y le dijo: Daniel, siervo del Dios viviente, el Dios tuyo, a quien tú continuamente sirves, ¿te ha podido librar de los leones?

21 Entonces Daniel respondió al rey: Oh rey, vive para siempre.

22 Mi Dios envió su ángel, el cual cerró la boca de los leones, para que no me hiciesen daño, porque ante él fui hallado inocente; y aun delante de ti, oh rey, yo no he hecho nada malo.

23 Entonces se alegró el rey en gran manera a causa de él, y mandó sacar a Daniel del foso; y fue Daniel sacado del foso, y ninguna lesión se halló en él, porque había confiado en su Dios.

24 Y dio orden el rey, y fueron traídos aquellos hombres que habían acusado a Daniel, y fueron echados en el foso de los leones ellos, sus hijos y sus mujeres; y aún no habían llegado al fondo del foso, cuando los leones se apoderaron de ellos y quebraron todos sus huesos.

25 Entonces el rey Darío escribió a todos los pueblos, naciones y lenguas que habitan en toda la tierra: Paz os sea multiplicada.

26 De parte mía es puesta esta ordenanza: Que en todo el dominio de mi reino todos teman y tiemblen ante la presencia del Dios de Daniel; porque él es el Dios viviente y permanece por todos los siglos, y su reino no será jamás destruido, y su dominio perdurará hasta el fin.

27 El salva y libra, y hace señales y maravillas en el cielo y en la tierra; él ha librado a Daniel del poder de los leones.

28 Y este Daniel prosperó durante el reinado de Darío y durante el reinado de Ciro el persa.

ELÍAS Y LOS BAALES
1 Reyes 18:1-22 / Reina-Valera 1960 (RVR1960)

Elías regresa a ver a Acab

1 Pasados muchos días, vino palabra de Jehová a Elías en el tercer año, diciendo: Ve, muéstrate a Acab, y yo haré llover sobre la faz de la tierra.

2 Fue, pues, Elías a mostrarse a Acab. Y el hambre era grave en Samaria.

3 Y Acab llamó a Abdías su mayordomo. Abdías era en gran manera temeroso de Jehová.

4 Porque cuando Jezabel destruía a los profetas de Jehová, Abdías tomó a cien profetas y los escondió de cincuenta en cincuenta en cuevas, y los sustentó con pan y agua.

5 Dijo, pues, Acab a Abdías: Ve por el país a todas las fuentes de aguas, y a todos los arroyos, a ver si acaso hallaremos hierba con que conservemos la vida a los caballos y a las mulas, para que no nos quedemos sin bestias.

6 Y dividieron entre sí el país para recorrerlo; Acab fue por un camino, y Abdías fue separadamente por otro.

7 Y yendo Abdías por el camino, se encontró con Elías; y cuando lo reconoció, se postró sobre su rostro y dijo: ¿No eres tú mi señor Elías?

8 Y él respondió: Yo soy; ve, di a tu amo: Aquí está Elías.

9 Pero él dijo: ¿En qué he pecado, para que entregues a tu siervo en mano de Acab para que me mate?

10 Vive Jehová tu Dios, que no ha habido nación ni reino adonde mi señor no haya enviado a buscarte, y todos han respondido: No está aquí; y a reinos y a naciones él ha hecho jurar que no te han hallado.

11 ¿Y ahora tú dices: Ve, di a tu amo: aquí está Elías?

12 Acontecerá que luego que yo me haya ido, el Espíritu de Jehová te llevará adonde yo no sepa, y al venir yo y dar las nuevas a Acab, al no hallarte él, me matará; y tu siervo teme a Jehová desde su juventud.

13 ¿No ha sido dicho a mi señor lo que hice, cuando Jezabel mataba a los profetas de Jehová; que escondí a cien varones de los profetas de Jehová de cincuenta en cincuenta en cuevas, y los mantuve con pan y agua?

14 ¿Y ahora dices tú: Ve, di a tu amo: Aquí está Elías; para que él me mate?

15 Y le dijo Elías: Vive Jehová de los ejércitos, en cuya presencia estoy, que hoy me mostraré a él.

16 Entonces Abdías fue a encontrarse con Acab, y le dio el aviso; y Acab vino a encontrarse con Elías.

17 Cuando Acab vio a Elías, le dijo: ¿Eres tú el que turbas a Israel?

18 Y él respondió: Yo no he turbado a Israel, sino tú y la casa de tu padre, dejando los mandamientos de Jehová, y siguiendo a los baales.

19 Envía, pues, ahora y congrégame a todo Israel en el monte Carmelo, y los cuatrocientos cincuenta profetas de Baal, y los cuatrocientos profetas de Asera, que comen de la mesa de Jezabel.

Elías y los profetas de Baal

20 Entonces Acab convocó a todos los hijos de Israel, y reunió a los profetas en el monte Carmelo.

21 Y acercándose Elías a todo el pueblo, dijo: ¿Hasta cuándo claudicaréis vosotros entre dos pensamientos? Si Jehová es Dios, seguidle; y si Baal, id en pos de él. Y el pueblo no respondió palabra.

22 Y Elías volvió a decir al pueblo: Sólo yo he quedado profeta de Jehová; más de los profetas de Baal hay cuatrocientos cincuenta hombres.

LA SALVACIÓN DE DIOS SOBRE NÍNIVE

Jonás 3:1-10 / Reina-Valera 1960 (RVR1960)

Nínive se arrepiente

1 Vino palabra de Jehová por segunda vez a Jonás, diciendo:

2 Levántate y ve a Nínive, aquella gran ciudad, y proclama en ella el mensaje que yo te diré.

3 Y se levantó Jonás, y fue a Nínive conforme a la palabra de Jehová. Y era Nínive ciudad grande en extremo, de tres días de camino.

4 Y comenzó Jonás a entrar por la ciudad, camino de un día, y predicaba diciendo: De aquí a cuarenta días Nínive será destruida.

5 Y los hombres de Nínive creyeron a Dios, y proclamaron ayuno, y se vistieron de cilicio desde el mayor hasta el menor de ellos.

6 Y llegó la noticia hasta el rey de Nínive, y se levantó de su silla, se despojó de su vestido, y se cubrió de cilicio y se sentó sobre ceniza.

7 E hizo proclamar y anunciar en Nínive, por mandato del rey y de sus grandes, diciendo: Hombres y animales, bueyes y ovejas, no gusten cosa alguna; no se les dé alimento, ni beban agua;

8 Sino cúbranse de cilicio hombres y animales, y clamen a Dios fuertemente; y conviértase cada uno de su mal camino, de la rapiña que hay en sus manos.

9 ¿Quién sabe si se volverá y se arrepentirá Dios, y se apartará del ardor de su ira, y no pereceremos?

10. Y vio Dios lo que hicieron, que se convirtieron de su mal camino; y se arrepintió del mal que había dicho que les haría, y no lo hizo.

JONÁS HUYE DE JEHOVÁ
Jonás 1:1-17 / Reina-Valera 1960 (RVR1960)

Jonás huye de Jehová

1 Vino palabra de Jehová a Jonás hijo de Amitai, diciendo:

2 Levántate y ve a Nínive, aquella gran ciudad, y pregona contra ella; porque ha subido su maldad delante de mí.

3 Y Jonás se levantó para huir de la presencia de Jehová a Tarsis, y descendió a Jope, y halló una nave que partía para Tarsis; y pagando su pasaje, entró en ella para irse con ellos a Tarsis, lejos de la presencia de Jehová.

4 Pero Jehová hizo levantar un gran viento en el mar, y hubo en el mar una tempestad tan grande que se pensó que se partiría la nave.

5 Y los marineros tuvieron miedo, y cada uno clamaba a su dios; y echaron al mar los enseres que había en la nave, para descargarla de ellos. Pero Jonás había bajado al interior de la nave, y se había echado a dormir.

6 Y el patrón de la nave se le acercó y le dijo: ¿Qué tienes, dormilón? Levántate, y clama a tu Dios; quizá él tendrá compasión de nosotros, y no pereceremos.

7 Y dijeron cada uno a su compañero: Venid y echemos suertes, para que sepamos por causa de quién nos ha venido este mal. Y echaron suertes, y la suerte cayó sobre Jonás.

8 Entonces le dijeron ellos: Decláranos ahora por qué nos ha venido este mal. ¿Qué oficio tienes, y de dónde vienes? ¿Cuál es tu tierra, y de qué pueblo eres?

9 Y él les respondió: Soy hebreo, y temo a Jehová, Dios de los cielos, que hizo el mar y la tierra.

10 Y aquellos hombres temieron sobremanera, y le dijeron: ¿Por qué has hecho esto? Porque ellos sabían que huía de la presencia de Jehová, pues él se lo había declarado.

11 Y le dijeron: ¿Qué haremos contigo para que el mar se nos aquiete? Porque el mar se iba embraveciendo más y más.

12 El les respondió: Tomadme y echadme al mar, y el mar se os aquietará; porque yo sé que por mi causa ha venido esta gran tempestad sobre vosotros.

13 Y aquellos hombres trabajaron para hacer volver la nave a tierra; mas no pudieron, porque el mar se iba embraveciendo más y más contra ellos.

14 Entonces clamaron a Jehová y dijeron: Te rogamos ahora, Jehová, que no perezcamos nosotros por la vida de este hombre, ni pongas sobre nosotros la sangre inocente; porque tú, Jehová, has hecho como has querido.

15 Y tomaron a Jonás, y lo echaron al mar; y el mar se aquietó de su furor.

16 Y temieron aquellos hombres a Jehová con gran temor, y ofrecieron sacrificio a Jehová, e hicieron votos.

17 Pero Jehová tenía preparado un gran pez que tragase a Jonás; y estuvo Jonás en el vientre del pez tres días y tres noches.

ORACIÓN DE JONÁS
Jonás 2:1-10 / Reina-Valera 1960 (RVR1960)

Oración de Jonás

1 Entonces oró Jonás a Jehová su Dios desde el vientre del pez,

2. y dijo: Invoqué en mi angustia a Jehová, y él me oyó; desde el seno del Seol clamé, y mi voz oíste.

3. Me echaste a lo profundo, en medio de los mares, y me rodeó la corriente; todas tus ondas y tus olas pasaron sobre mí.

4. Entonces dije: Desechado soy de delante de tus ojos; más aún veré tu santo templo.

5. Las aguas me rodearon hasta el alma, rodeóme el abismo; el alga se enredó a mi cabeza.

6. Descendí a los cimientos de los montes; la tierra echó sus cerrojos sobre mí para siempre; más tú sacaste mi vida de la sepultura, oh Jehová Dios mío.

7. Cuando mi alma desfallecía en mí, me acordé de Jehová, y mi oración llegó hasta ti en tu santo templo.

8. Los que siguen vanidades ilusorias, su misericordia abandonan.

9. Mas yo con voz de alabanza te ofreceré sacrificios; pagaré lo que prometí. La salvación es de Jehová.

10. Y mandó Jehová al pez, y vomitó a Jonás en tierra.

JESÚS LAVA LOS PIES DE SUS DISCÍPULOS

Juan 13:1-10 / Reina-Valera 1960 (RVR1960)

Jesús lava los pies de sus discípulos

1 Antes de la fiesta de la pascua, sabiendo Jesús que su hora había llegado para que pasase de este mundo al Padre, como había amado a los suyos que estaban en el mundo, los amó hasta el fin.

2 Y cuando cenaban, como el diablo ya había puesto en el corazón de Judas Iscariote, hijo de Simón, que le entregase,

3 sabiendo Jesús que el Padre le había dado todas las cosas en las manos, y que había salido de Dios, y a Dios iba,

4 se levantó de la cena, y se quitó su manto, y tomando una toalla, se la ciñó.

5 Luego puso agua en un lebrillo, y comenzó a lavar los pies de los discípulos, y a enjugarlos con la toalla con que estaba ceñido.

6 Entonces vino a Simón Pedro; y Pedro le dijo: Señor, ¿tú me lavas los pies?

7 Respondió Jesús y le dijo: Lo que yo hago, tú no lo comprendes ahora; mas lo entenderás después.

8 Pedro le dijo: No me lavarás los pies jamás. Jesús le respondió: Si no te lavare, no tendrás parte conmigo.

9 Le dijo Simón Pedro: Señor, no sólo mis pies, sino también las manos y la cabeza.

10. Jesús le dijo: El que está lavado, no necesita sino lavarse los pies, pues está todo limpio; y vosotros limpios estáis, aunque no todos.

LA VENIDA DEL HIJO DEL HOMBRE

Mateo 24:29-50 / Reina-Valera 1960 (RVR1960)

La venida del Hijo del Hombre

29 E inmediatamente después de la tribulación de aquellos días, el sol se oscurecerá, y la luna no dará su resplandor, y las estrellas caerán del cielo, y las potencias de los cielos serán conmovidas.

30 Entonces aparecerá la señal del Hijo del Hombre en el cielo; y entonces lamentarán todas las tribus de la tierra, y verán al Hijo del Hombre viniendo sobre las nubes del cielo, con poder y gran gloria.

31 Y enviará sus ángeles con gran voz de trompeta, y juntarán a sus escogidos, de los cuatro vientos, desde un extremo del cielo hasta el otro.

32 De la higuera aprended la parábola: Cuando ya su rama está tierna, y brotan las hojas, sabéis que el verano está cerca.

33 Así también vosotros, cuando veáis todas estas cosas, conoced que está cerca, a las puertas.

34 De cierto os digo, que no pasará esta generación hasta que todo esto acontezca.

35 El cielo y la tierra pasarán, pero mis palabras no pasarán.

36 Pero del día y la hora nadie sabe, ni aun los ángeles de los cielos, sino sólo mi Padre.

37 más como en los días de Noé, así será la venida del Hijo del Hombre.

38 Porque como en los días antes del diluvio estaban comiendo y bebiendo, casándose y dando en casamiento, hasta el día en que Noé entró en el arca,

39 y no entendieron hasta que vino el diluvio y se los llevó a todos, así será también la venida del Hijo del Hombre.

40 Entonces estarán dos en el campo; el uno será tomado, y el otro será dejado.

41 Dos mujeres estarán moliendo en un molino; la una será tomada, y la otra será dejada.

42 Velad, pues, porque no sabéis a qué hora ha de venir vuestro Señor.

43 Pero sabed esto, que si el padre de familia supiese a qué hora el ladrón habría de venir, velaría, y no dejaría minar su casa.

44 Por tanto, también vosotros estad preparados; porque el Hijo del Hombre vendrá a la hora que no pensáis.

45 ¿Quién es, pues, el siervo fiel y prudente, al cual puso su señor sobre su casa para que les dé el alimento a tiempo?

46 Bienaventurado aquel siervo al cual, cuando su señor venga, le halle haciendo así.

47 De cierto os digo que sobre todos sus bienes le pondrá.

48 Pero si aquel siervo malo dijere en su corazón: Mi señor tarda en venir;

49 y comenzare a golpear a sus consiervos, y aun a comer y a beber con los borrachos,

50 vendrá el señor de aquel siervo en día que éste no espera, y a la hora que no sabe...

ELISEO Y NAAMÁN
2 Reyes 5:1-27 / Reina-Valera 1960 (RVR1960)

Eliseo y Naamán

1 Naamán, general del ejército del rey de Siria, era varón grande delante de su señor, y lo tenía en alta estima, porque por medio de él había dado Jehová salvación a Siria. Era este hombre valeroso en extremo, pero leproso.

2 Y de Siria habían salido bandas armadas, y habían llevado cautiva de la tierra de Israel a una muchacha, la cual servía a la mujer de Naamán.

3 Esta dijo a su señora: Si rogase mi señor al profeta que está en Samaria, él lo sanaría de su lepra.

4 Entrando Naamán a su señor, le relató diciendo: Así y así ha dicho una muchacha que es de la tierra de Israel.

5 Y le dijo el rey de Siria: Anda, ve, y yo enviaré cartas al rey de Israel. Salió, pues, él, llevando consigo diez talentos de plata, y seis mil piezas de oro, y diez mudas de vestidos.

6 Tomó también cartas para el rey de Israel, que decían así: Cuando lleguen a ti estas cartas, sabe por ellas que yo envío a ti mi siervo Naamán, para que lo sanes de su lepra.

7 Luego que el rey de Israel leyó las cartas, rasgó sus vestidos, y dijo: ¿Soy yo Dios, que mate y dé vida, para que éste envíe a mí a que sane un hombre de su lepra? Considerad ahora, y ved cómo busca ocasión contra mí.

8 Cuando Eliseo el varón de Dios oyó que el rey de Israel había rasgado sus vestidos, envió a decir al rey: ¿Por qué has rasgado tus vestidos? Venga ahora a mí, y sabrá que hay profeta en Israel.

9 Y vino Naamán con sus caballos y con su carro, y se paró a las puertas de la casa de Eliseo.

10 Entonces Eliseo le envió un mensajero, diciendo: Ve y lávate siete veces en el Jordán, y tu carne se te restaurará, y serás limpio.

11 Y Naamán se fue enojado, diciendo: He aquí yo decía para mí: Saldrá él luego, y estando en pie invocará el nombre de Jehová su Dios, y alzará su mano y tocará el lugar, y sanará la lepra.

12 Abana y Farfar, ríos de Damasco, ¿no son mejores que todas las aguas de Israel? Si me lavare en ellos, ¿no seré también limpio? Y se volvió, y se fue enojado.

13 Mas sus criados se le acercaron y le hablaron diciendo: Padre mío, si el profeta te mandara alguna gran cosa, ¿no la harías? ¿Cuánto más, diciéndote: lávate, y serás limpio?

14 Él entonces descendió, y se zambulló siete veces en el Jordán, conforme a la palabra del varón de Dios; y su carne se volvió como la carne de un niño, y quedó limpio.

15 Y volvió al varón de Dios, él y toda su compañía, y se puso delante de él, y dijo: He aquí ahora conozco que no hay Dios en toda la tierra, sino en Israel. Te ruego que recibas algún presente de tu siervo.

16 Mas él dijo: Vive Jehová, en cuya presencia estoy, que no lo aceptaré. Y le instaba que aceptara alguna cosa, pero él no quiso.

17 Entonces Naamán dijo: Te ruego, pues, ¿de esta tierra no se dará a tu siervo la carga de un par de mulas? Porque de aquí en adelante tu siervo no sacrificará holocausto ni ofrecerá sacrificio a otros dioses, sino a Jehová.

18 En esto perdone Jehová a tu siervo: que cuando mi señor el rey entrare en el templo de Rimón para adorar en él, y se apoyare sobre mi brazo, si yo también me inclinare en el templo de Rimón; cuando haga tal, Jehová perdone en esto a tu siervo.

19 Y él le dijo: Ve en paz. Se fue, pues, y caminó como media legua de tierra.

20 Entonces Giezi, criado de Eliseo el varón de Dios, dijo entre sí: He aquí mi señor estorbó a este sirio Naamán, no tomando de su mano las cosas que había traído. Vive Jehová, que correré yo tras él y tomaré de él alguna cosa.

21 Y siguió Giezi a Naamán; y cuando vio Naamán que venía corriendo tras él, se bajó del carro para recibirle, y dijo: ¿Va todo bien?

22 Y él dijo: Bien. Mi señor me envía a decirte: He aquí vinieron a mí en esta hora del monte de Efraín dos jóvenes de los hijos de los profetas; te ruego que les des un talento de plata, y dos vestidos nuevos.

23 Dijo Naamán: Te ruego que tomes dos talentos. Y le insistió, y ató dos talentos de plata en dos bolsas, y dos vestidos nuevos, y lo puso todo a cuestas a dos de sus criados para que lo llevasen delante de él.

24 Y así que llegó a un lugar secreto, él lo tomó de mano de ellos, y lo guardó en la casa; luego mandó a los hombres que se fuesen.

25 Y él entró, y se puso delante de su señor. Y Eliseo le dijo: ¿De dónde vienes, Giezi? Y él dijo: Tu siervo no ha ido a ninguna parte.

26 El entonces le dijo: ¿No estaba también allí mi corazón, cuando el hombre volvió de su carro a recibirte? ¿Es tiempo de tomar plata, y de tomar vestidos, olivares, viñas, ovejas, bueyes, siervos y siervas?

27 Por tanto, la lepra de Naamán se te pegará a ti y a tu descendencia para siempre. Y salió de delante de él leproso, blanco como la nieve.

DESTRUCCIÓN DE SODOMA Y GOMORRA

Génesis 19:1-29 / Reina-Valera 1960 (RVR1960)

Destrucción de Sodoma y Gomorra

1 Llegaron, pues, los dos ángeles a Sodoma a la caída de la tarde; y Lot estaba sentado a la puerta de Sodoma. Y viéndolos Lot, se levantó a recibirlos, y se inclinó hacia el suelo,

2 y dijo: Ahora, mis señores, os ruego que vengáis a casa de vuestro siervo y os hospedéis, y lavaréis vuestros pies; y por la mañana os levantaréis, y seguiréis vuestro camino. Y ellos respondieron: No, que en la calle nos quedaremos esta noche.

3 Mas él porfió con ellos mucho, y fueron con él, y entraron en su casa; y les hizo banquete, y coció panes sin levadura, y comieron.

4 Pero antes que se acostasen, rodearon la casa los hombres de la ciudad, los varones de Sodoma, todo el pueblo junto, desde el más joven hasta el más viejo.

5 Y llamaron a Lot, y le dijeron: ¿Dónde están los varones que vinieron a ti esta noche? Sácalos, para que los conozcamos.

6 Entonces Lot salió a ellos a la puerta, y cerró la puerta tras sí,

7 y dijo: Os ruego, hermanos míos, que no hagáis tal maldad.

8 He aquí ahora yo tengo dos hijas que no han conocido varón; os las sacaré fuera, y haced de ellas como bien os pareciere; solamente que a estos varones no hagáis nada, pues que vinieron a la sombra de mi tejado.

9 Y ellos respondieron: Quita allá; y añadieron: Vino este extraño para habitar entre nosotros, ¿y habrá de erigirse en juez? Ahora te haremos más mal que a ellos. Y hacían gran violencia al varón, a Lot, y se acercaron para romper la puerta.

10 Entonces los varones alargaron la mano, y metieron a Lot en casa con ellos, y cerraron la puerta.

11 Y a los hombres que estaban a la puerta de la casa hirieron con ceguera desde el menor hasta el mayor, de manera que se fatigaban buscando la puerta.

12 Y dijeron los varones a Lot: ¿Tienes aquí alguno más? Yernos, y tus hijos y tus hijas, y todo lo que tienes en la ciudad, sácalo de este lugar;

13 porque vamos a destruir este lugar, por cuanto el clamor contra ellos ha subido de punto delante de Jehová; por tanto, Jehová nos ha enviado para destruirlo.

14 Entonces salió Lot y habló a sus yernos, los que habían de tomar sus hijas, y les dijo: Levantaos, salid de este lugar; porque Jehová va a destruir esta ciudad. Mas pareció a sus yernos como que se burlaba.

15 Y al rayar el alba, los ángeles daban prisa a Lot, diciendo: Levántate, toma tu mujer, y tus dos hijas que se hallan aquí, para que no perezcas en el castigo de la ciudad.

16 Y deteniéndose él, los varones asieron de su mano, y de la mano de su mujer y de las manos de sus dos hijas, según la misericordia de Jehová para con él; y lo sacaron y lo pusieron fuera de la ciudad.

17 Y cuando los hubieron llevado fuera, dijeron: Escapa por tu vida; no mires tras ti, ni pares en toda esta llanura; escapa al monte, no sea que perezcas.

18 Pero Lot les dijo: No, yo os ruego, señores míos.

19 He aquí ahora ha hallado vuestro siervo gracia en vuestros ojos, y habéis engrandecido vuestra misericordia que habéis hecho conmigo dándome la vida; mas yo no podré escapar al monte, no sea que me alcance el mal, y muera.

20 He aquí ahora esta ciudad está cerca para huir allá, la cual es pequeña; dejadme escapar ahora allá (¿no es ella pequeña?), y salvaré mi vida.

21 Y le respondió: He aquí he recibido también tu súplica sobre esto, y no destruiré la ciudad de que has hablado.

22 Date prisa, escápate allá; porque nada podré hacer hasta que hayas llegado allí. Por eso fue llamado el nombre de la ciudad, Zoar.[a]

23 El sol salía sobre la tierra, cuando Lot llegó a Zoar.

24 Entonces Jehová hizo llover sobre Sodoma y sobre Gomorra azufre y fuego de parte de Jehová desde los cielos;

25 y destruyó las ciudades, y toda aquella llanura, con todos los moradores de aquellas ciudades, y el fruto de la tierra.

26 Entonces la mujer de Lot miró atrás, a espaldas de él, y se volvió estatua de sal.

27 Y subió Abraham por la mañana al lugar donde había estado delante de Jehová.

28 Y miró hacia Sodoma y Gomorra, y hacia toda la tierra de aquella llanura miró; y he aquí que el humo subía de la tierra como el humo de un horno. 29. Así, cuando destruyó Dios las ciudades de la llanura, Dios se acordó de Abraham, y envió fuera a Lot de en medio de la destrucción, al asolar las ciudades donde Lot estaba.

LA NUEVA JERUSALÉN
Apocalipsis 21:9-27 / Reina-Valera 1960 (RVR1960)

La nueva Jerusalén

9. Vino entonces a mí uno de los siete ángeles que tenían las siete copas llenas de las siete plagas postreras, y habló conmigo, diciendo: Ven acá, yo te mostraré la desposada, la esposa del Cordero.

10 Y me llevó en el Espíritu a un monte grande y alto, y me mostró la gran ciudad santa de Jerusalén, que descendía del cielo, de Dios,

11 teniendo la gloria de Dios. Y su fulgor era semejante al de una piedra preciosísima, como piedra de jaspe, diáfana como el cristal.

12 Tenía un muro grande y alto con doce puertas; y en las puertas, doce ángeles, y nombres inscritos, que son los de las doce tribus de los hijos de Israel;

13 al oriente tres puertas; al norte tres puertas; al sur tres puertas; al occidente tres puertas.

14 Y el muro de la ciudad tenía doce cimientos, y sobre ellos los doce nombres de los doce apóstoles del Cordero.

15 El que hablaba conmigo tenía una caña de medir, de oro, para medir la ciudad, sus puertas y su muro.

16 La ciudad se halla establecida en cuadro, y su longitud es igual a su anchura; y él midió la ciudad con la caña, doce mil estadios; la longitud, la altura y la anchura de ella son iguales.

17 Y midió su muro, ciento cuarenta y cuatro codos, de medida de hombre, la cual es de ángel.

18 El material de su muro era de jaspe; pero la ciudad era de oro puro, semejante al vidrio limpio;

19 y los cimientos del muro de la ciudad estaban adornados con toda piedra preciosa. El primer cimiento era jaspe; el segundo, zafiro; el tercero, ágata; el cuarto, esmeralda;

20 el quinto, ónice; el sexto, cornalina; el séptimo, crisólito; el octavo, berilo; el noveno, topacio; el décimo, crisopraso; el undécimo, jacinto; el duodécimo, amatista.

21 Las doce puertas eran doce perlas; cada una de las puertas era una perla. Y la calle de la ciudad era de oro puro, transparente como vidrio.

22 Y no vi en ella templo; porque el Señor Dios Todopoderoso es el templo de ella, y el Cordero.

23 La ciudad no tiene necesidad de sol ni de luna que brillen en ella; porque la gloria de Dios la ilumina, y el Cordero es su lumbrera.

24 Y las naciones que hubieren sido salvas andarán a la luz de ella; y los reyes de la tierra traerán su gloria y honor a ella.

25 Sus puertas nunca serán cerradas de día, pues allí no habrá noche.

26 Y llevarán la gloria y la honra de las naciones a ella.

27 No entrará en ella ninguna cosa inmunda, o que hace abominación y mentira, sino solamente los que están inscritos en el libro de la vida del Cordero.

JESÚS Y LA MUJER SAMARITANA
Juan 4:1-10 / Reina-Valera 1960 (RVR1960)

Jesús y la mujer samaritana

1. Cuando, pues, el Señor entendió que los fariseos habían oído decir: Jesús hace y bautiza más discípulos que Juan

2 (aunque Jesús no bautizaba, sino sus discípulos),

3 salió de Judea, y se fue otra vez a Galilea.

4 Y le era necesario pasar por Samaria.

5 Vino, pues, a una ciudad de Samaria llamada Sicar, junto a la heredad que Jacob dio a su hijo José.

6 Y estaba allí el pozo de Jacob. Entonces Jesús, cansado del camino, se sentó así junto al pozo. Era como la hora sexta.

7 Vino una mujer de Samaria a sacar agua; y Jesús le dijo: Dame de beber.

8 Pues sus discípulos habían ido a la ciudad a comprar de comer.

9 La mujer samaritana le dijo: ¿Cómo tú, siendo judío, me pides a mí de beber, que soy mujer samaritana? Porque judíos y samaritanos no se tratan entre sí.

10 Respondió Jesús y le dijo: Si conocieras el don de Dios, y quién es el que te dice: Dame de beber; tú le pedirías, y él te daría agua viva.

SANSÓN EN GAZA
Jueces 16:1-17 / Reina-Valera 1960 (RVR1960)

Sansón en Gaza

1 Fue Sansón a Gaza, y vio allí a una mujer ramera, y se llegó a ella.

2 Y fue dicho a los de Gaza: Sansón ha venido acá. Y lo rodearon, y acecharon toda aquella noche a la puerta de la ciudad; y estuvieron callados toda aquella noche, diciendo: Hasta la luz de la mañana; entonces lo mataremos.

3 Mas Sansón durmió hasta la medianoche; y a la medianoche se levantó, y tomando las puertas de la ciudad con sus dos pilares y su cerrojo, se las echó al hombro, y se fue y las subió a la cumbre del monte que está delante de Hebrón.

Sansón y Dalila

4 Después de esto aconteció que se enamoró de una mujer en el valle de Sorec, la cual se llamaba Dalila.

5 Y vinieron a ella los príncipes de los filisteos, y le dijeron: Engáñale e infórmate en qué consiste su gran fuerza, y cómo lo podríamos vencer, para que lo atemos y lo dominemos; y cada uno de nosotros te dará mil cien siclos de plata.

6 Y Dalila dijo a Sansón: Yo te ruego que me declares en qué consiste tu gran fuerza, y cómo podrás ser atado para ser dominado.

7 Y le respondió Sansón: Si me ataren con siete mimbres verdes que aún no estén enjutos, entonces me debilitaré y seré como cualquiera de los hombres.

8 Y los príncipes de los filisteos le trajeron siete mimbres verdes que aún no estaban enjutos, y ella le ató con ellos.

9 Y ella tenía hombres en acecho en el aposento. Entonces ella le dijo: ¡Sansón, los filisteos contra ti! Y él rompió los mimbres, como se rompe una cuerda de estopa cuando toca el fuego; y no se supo el secreto de su fuerza.

10 Entonces Dalila dijo a Sansón: He aquí tú me has engañado, y me has dicho mentiras; descúbreme, pues, ahora, te ruego, cómo podrás ser atado.

11 Y él le dijo: Si me ataren fuertemente con cuerdas nuevas que no se hayan usado, yo me debilitaré, y seré como cualquiera de los hombres.

12 Y Dalila tomó cuerdas nuevas, y le ató con ellas, y le dijo: ¡¡Sansón, los filisteos sobre ti! Y los espías estaban en el aposento. Mas él las rompió de sus brazos como un hilo.

13 Y Dalila dijo a Sansón: Hasta ahora me engañas, y tratas conmigo con mentiras. Descúbreme, pues, ahora, cómo podrás ser atado. El entonces le dijo: Si tejieres siete guedejas de mi cabeza con la tela y las asegurares con la estaca.

14 Y ella las aseguró con la estaca, y le dijo: ¡Sansón, los filisteos sobre ti! Mas despertando él de su sueño, arrancó la estaca del telar con la tela.

15 Y ella le dijo: ¿Cómo dices: Yo te amo, cuando tu corazón no está conmigo? Ya me has engañado tres veces, y no me has descubierto aún en qué consiste tu gran fuerza.

16 Y aconteció que, presionándole ella cada día con sus palabras e importunándole, su alma fue reducida a mortal angustia.

17 Le descubrió, pues, todo su corazón, y le dijo: Nunca a mi cabeza llegó navaja; porque soy nazareo de Dios desde el vientre de mi madre. Si fuere rapado, mi fuerza se apartará de mí, y me debilitaré y seré como todos los hombres.

LA RESURRECCIÓN DE LOS MUERTOS

1 Corintios 15:1-10 / Reina-Valera 1960 (RVR1960)

La resurrección de los muertos

1 Además os declaro, hermanos, el evangelio que os he predicado, el cual también recibisteis, en el cual también perseveráis;

2 por el cual, asimismo, si retenéis la palabra que os he predicado, sois salvos, si no creísteis en vano.

3 porque primeramente os he enseñado lo que asimismo recibí: Que Cristo murió por nuestros pecados, conforme a las Escrituras;

4 y que fue sepultado, y que resucitó al tercer día, conforme a las Escrituras;

5 y que apareció a Cefas, y después a los doce.

6 Después apareció a más de quinientos hermanos a la vez, de los cuales muchos viven aún, y otros ya duermen.

7 Después apareció a Jacobo; después a todos los apóstoles;

8 y al último de todos, como a un abortivo, me apareció a mí.

9 Porque yo soy el más pequeño de los apóstoles, que no soy digno de ser llamado apóstol, porque perseguí a la iglesia de Dios.

10 Pero por la gracia de Dios soy lo que soy; y su gracia no ha sido en vano para conmigo, antes he trabajado más que todos ellos; pero no yo, sino la gracia de Dios conmigo.

CAYERON LOS MUROS DE JERICÓ
Josué 6:1-27 / Reina-Valera 1960 (RVR1960)

La toma de Jericó

1 Ahora, Jericó estaba cerrada, bien cerrada, a causa de los hijos de Israel; nadie entraba ni salía.

2 Más Jehová dijo a Josué: Mira, yo he entregado en tu mano a Jericó y a su rey, con sus varones de guerra.

3 Rodearéis, pues, la ciudad todos los hombres de guerra, yendo alrededor de la ciudad una vez; y esto haréis durante seis días.

4 Y siete sacerdotes llevarán siete bocinas de cuernos de carnero delante del arca; y al séptimo día daréis siete vueltas a la ciudad, y los sacerdotes tocarán las bocinas.

5 Y cuando toquen prolongadamente el cuerno de carnero, así que oigáis el sonido de la bocina, todo el pueblo gritará a gran voz, y el muro de la ciudad caerá; entonces subirá el pueblo, cada uno derecho hacia adelante.

6 Llamando, pues, Josué hijo de Nun a los sacerdotes, les dijo: Llevad el arca del pacto, y siete sacerdotes lleven bocinas de cuerno de carnero delante del arca de Jehová.

7 Y dijo al pueblo: Pasad, y rodead la ciudad; y los que están armados pasarán delante del arca de Jehová.

8 Y así que Josué hubo hablado al pueblo, los siete sacerdotes, llevando las siete bocinas de cuerno de carnero, pasaron delante del arca de Jehová, y tocaron las bocinas; y el arca del pacto de Jehová los seguía.

9 Y los hombres armados iban delante de los sacerdotes que tocaban las bocinas, y la retaguardia iba tras el arca, mientras las bocinas sonaban continuamente.

10 Y Josué mandó al pueblo, diciendo: Vosotros no gritaréis, ni se oirá vuestra voz, ni saldrá palabra de vuestra boca, hasta el día que yo os diga: Gritad; entonces gritaréis.

11 Así que él hizo que el arca de Jehová diera una vuelta alrededor de la ciudad, y volvieron luego al campamento, y allí pasaron la noche.

12 Y Josué se levantó de mañana, y los sacerdotes tomaron el arca de Jehová.

13 Y los siete sacerdotes, llevando las siete bocinas de cuerno de carnero, fueron delante del arca de Jehová, andando siempre y tocando las bocinas; y los hombres armados iban delante de ellos, y la retaguardia iba tras el arca de Jehová, mientras las bocinas tocaban continuamente.

14 Así dieron otra vuelta a la ciudad el segundo día, y volvieron al campamento; y de esta manera hicieron durante seis días.

15 Al séptimo día se levantaron al despuntar el alba, y dieron vuelta a la ciudad de la misma manera siete veces; solamente este día dieron vuelta alrededor de ella siete veces.

16 Y cuando los sacerdotes tocaron las bocinas la séptima vez, Josué dijo al pueblo: Gritad, porque Jehová os ha entregado la ciudad.

17 Y será la ciudad anatema a Jehová, con todas las cosas que están en ella; solamente Rahab la ramera vivirá, con todos los que estén en casa con ella, por cuanto escondió a los mensajeros que enviamos.

18 Pero vosotros guardaos del anatema; ni toquéis, ni toméis alguna cosa del anatema, no sea que hagáis anatema el campamento de Israel, y lo turbéis.

19 Mas toda la plata y el oro, y los utensilios de bronce y de hierro, sean consagrados a Jehová, y entren en el tesoro de Jehová.

20 Entonces el pueblo gritó, y los sacerdotes tocaron las bocinas; y aconteció que cuando el pueblo hubo oído el sonido de la bocina, gritó con gran vocerío, y el muro se derrumbó. El pueblo subió luego a la ciudad, cada uno derecho hacia adelante, y la tomaron.

21 Y destruyeron a filo de espada todo lo que en la ciudad había; hombres y mujeres, jóvenes y viejos, hasta los bueyes, las ovejas, y los asnos.

22 Mas Josué dijo a los dos hombres que habían reconocido la tierra: Entrad en casa de la mujer ramera, y haced salir de allí a la mujer y a todo lo que fuere suyo, como lo jurasteis.

23 Y los espías entraron y sacaron a Rahab, a su padre, a su madre, a sus hermanos y todo lo que era suyo; y también sacaron a toda su parentela, y los pusieron fuera del campamento de Israel.

24 Y consumieron con fuego la ciudad, y todo lo que en ella había; solamente pusieron en el tesoro de la casa de Jehová la plata y el oro, y los utensilios de bronce y de hierro.

25 Mas Josué salvó la vida a Rahab la ramera, y a la casa de su padre, y a todo lo que ella tenía; y habitó ella entre los israelitas hasta hoy, por cuanto escondió a los mensajeros que Josué había enviado a reconocer a Jericó.

26 En aquel tiempo hizo Josué un juramento, diciendo: Maldito delante de Jehová el hombre que se levantare y reedificare esta ciudad de Jericó. Sobre su primogénito eche los cimientos de ella, y sobre su hijo menor asiente sus puertas.

27 Estaba, pues, Jehová con Josué, y su nombre se divulgó por toda la tierra.

MOISÉS Y AARÓN ANTE FARAÓN
Éxodo 5:1-21 / Reina-Valera 1960 (RVR1960)

Moisés y Aarón ante Faraón

1 Después Moisés y Aarón entraron a la presencia de Faraón y le dijeron: Jehová el Dios de Israel dice así: Deja ir a mi pueblo a celebrarme fiesta en el desierto.

2 Y Faraón respondió: ¿Quién es Jehová, para que yo oiga su voz y deje ir a Israel? Yo no conozco a Jehová, ni tampoco dejaré ir a Israel.

3 Y ellos dijeron: El Dios de los hebreos nos ha encontrado; iremos, pues, ahora, camino de tres días por el desierto, y ofreceremos sacrificios a Jehová nuestro Dios, para que no venga sobre nosotros con peste o con espada.

4 Entonces el rey de Egipto les dijo: Moisés y Aarón, ¿por qué hacéis cesar al pueblo de su trabajo? Volved a vuestras tareas.

5 Dijo también Faraón: He aquí el pueblo de la tierra es ahora mucho, y vosotros les hacéis cesar de sus tareas.

6 Y mandó Faraón aquel mismo día a los cuadrilleros del pueblo que lo tenían a su cargo, y a sus capataces, diciendo:

7 De aquí en adelante no daréis paja al pueblo para hacer ladrillo, como hasta ahora; vayan ellos y recojan por sí mismos la paja.

8 Y les impondréis la misma tarea de ladrillo que hacían antes, y no les disminuiréis nada; porque están ociosos, por eso levantan la voz diciendo: Vamos y ofrezcamos sacrificios a nuestro Dios.

9 Agrávese la servidumbre sobre ellos, para que se ocupen en ella, y no atiendan a palabras mentirosas.

10 Y saliendo los cuadrilleros del pueblo y sus capataces, hablaron al pueblo, diciendo: Así ha dicho Faraón: Yo no os doy paja.

11 Id vosotros y recoged la paja donde la halléis; pero nada se disminuirá de vuestra tarea.

12 Entonces el pueblo se esparció por toda la tierra de Egipto para recoger rastrojo en lugar de paja.

13 Y los cuadrilleros los apremiaban, diciendo: Acabad vuestra obra, la tarea de cada día en su día, como cuando se os daba paja.

14 Y azotaban a los capataces de los hijos de Israel que los cuadrilleros de Faraón habían puesto sobre ellos, diciendo: ¿Por qué no habéis cumplido vuestra tarea de ladrillo ni ayer ni hoy, como antes?

15 Y los capataces de los hijos de Israel vinieron a Faraón y se quejaron a él, diciendo: ¿Por qué lo haces así con tus siervos?

16 No se da paja a tus siervos, y con todo nos dicen: Haced el ladrillo. Y he aquí tus siervos son azotados, y el pueblo tuyo es el culpable.

17 Y él respondió: Estáis ociosos, sí, ociosos, y por eso decís: Vamos y ofrezcamos sacrificios a Jehová.

18 Id pues, ahora, y trabajad. No se os dará paja, y habéis de entregar la misma tarea de ladrillo.

19 Entonces los capataces de los hijos de Israel se vieron en aflicción, al decírseles: No se disminuirá nada de vuestro ladrillo, de la tarea de cada día.

20 Y encontrando a Moisés y a Aarón, que estaban a la vista de ellos cuando salían de la presencia de Faraón,

21 les dijeron: Mire Jehová sobre vosotros, y juzgue; pues nos habéis hecho abominables delante de Faraón y de sus siervos, poniéndoles la espada en la mano para que nos maten.

EL ÁNGEL Y EL ASNA DE BALAAM
Números 22:21-39 / Reina-Valera 1960 (RVR1960)

El ángel y el asna de Balaam

21 Así Balaam se levantó por la mañana, y enalbardó su asna y fue con los príncipes de Moab.

22 Y la ira de Dios se encendió porque él iba; y el ángel de Jehová se puso en el camino por adversario suyo. Iba, pues, él montado sobre su asna, y con él dos criados suyos.

23 Y el asna vio al ángel de Jehová, que estaba en el camino con su espada desnuda en su mano; y se apartó el asna del camino, e iba por el campo. Entonces azotó Balaam al asna para hacerla volver al camino.

24 Pero el ángel de Jehová se puso en una senda de viñas que tenía pared a un lado y pared al otro.

25 Y viendo el asna al ángel de Jehová, se pegó a la pared, y apretó contra la pared el pie de Balaam; y él volvió a azotarla.

26 Y el ángel de Jehová pasó más allá, y se puso en una angostura donde no había camino para apartarse ni a derecha ni a izquierda.

27 Y viendo el asna al ángel de Jehová, se echó debajo de Balaam; y Balaam se enojó y azotó al asna con un palo.

28 Entonces Jehová abrió la boca al asna, la cual dijo a Balaam: ¿Qué te he hecho, que me has azotado estas tres veces?

29 Y Balaam respondió al asna: Porque te has burlado de mí. ¡Ojalá tuviera espada en mi mano, que ahora te mataría!

30 Y el asna dijo a Balaam: ¿No soy yo tu asna? Sobre mí has cabalgado desde que tú me tienes hasta este día; ¿he acostumbrado a hacerlo así contigo? Y él respondió: No.

31 Entonces Jehová abrió los ojos de Balaam, y vio al ángel de Jehová que estaba en el camino, y tenía su espada desnuda en su mano. Y Balaam hizo reverencia, y se inclinó sobre su rostro.

32 Y el ángel de Jehová le dijo: ¿Por qué has azotado tu asna estas tres veces? He aquí yo he salido para resistirte, porque tu camino es perverso delante de mí.

33 El asna me ha visto, y se ha apartado luego de delante de mí estas tres veces; y si de mí no se hubiera apartado, yo también ahora te mataría a ti, y a ella dejaría viva.

34 Entonces Balaam dijo al ángel de Jehová: He pecado, porque no sabía que tú te ponías delante de mí en el camino; mas ahora, si te parece mal, yo me volveré.

35 Y el ángel de Jehová dijo a Balaam: Ve con esos hombres; pero la palabra que yo te diga, esa hablarás. Así Balaam fue con los príncipes de Balac.

36 Oyendo Balac que Balaam venía, salió a recibirlo a la ciudad de Moab, que está junto al límite de Arnón, que está al extremo de su territorio.

37 Y Balac dijo a Balaam: ¿No envié yo a llamarte? ¿Por qué no has venido a mí? ¿No puedo yo honrarte?

38 Balaam respondió a Balac: He aquí yo he venido a ti; mas ¿podré ahora hablar alguna cosa? La palabra que Dios pusiere en mi boca, esa hablaré.

39 Y fue Balaam con Balac, y vinieron a Quiriat-huzot.

ANDAD COMO HIJOS DE LUZ
Efesios 5:1-10 / Reina-Valera 1960 (RVR1960)

Andad como hijos de luz

1 Sed, pues, imitadores de Dios como hijos amados.

2 Y andad en amor, como también Cristo nos amó, y se entregó a sí mismo por nosotros, ofrenda y sacrificio a Dios en olor fragante.

3 Pero fornicación y toda inmundicia, o avaricia, ni aun se nombre entre vosotros, como conviene a santos;

4 ni palabras deshonestas, ni necedades, ni truhanerías, que no convienen, sino antes bien acciones de gracias.

5 Porque sabéis esto, que ningún fornicario, o inmundo, o avaro, que es idólatra, tiene herencia en el reino de Cristo y de Dios.

6 Nadie os engañe con palabras vanas, porque por estas cosas viene la ira de Dios sobre los hijos de desobediencia.

7 No seáis, pues, partícipes con ellos.

8 Porque en otro tiempo erais tinieblas, mas ahora sois luz en el Señor; andad como hijos de luz

9 (porque el fruto del Espíritu es en toda bondad, justicia y verdad),

10 comprobando lo que es agradable al Señor.

ELÍAS HUYE A HOREB
1 Reyes 19:1-21 / Reina-Valera 1960 (RVR1960)

Elías huye a Horeb

1 Acab dio a Jezabel la nueva de todo lo que Elías había hecho, y de cómo había matado a espada a todos los profetas.

2 Entonces envió Jezabel a Elías un mensajero, diciendo: Así me hagan los dioses, y aun me añadan, si mañana a estas horas yo no he puesto tu persona como la de uno de ellos.

3 Viendo, pues, el peligro, se levantó y se fue para salvar su vida, y vino a Beerseba, que está en Judá, y dejó allí a su criado.

4 Y él se fue por el desierto un día de camino, y vino y se sentó debajo de un enebro; y deseando morirse, dijo: Basta ya, oh Jehová, quítame la vida, pues no soy yo mejor que mis padres.

5 Y echándose debajo del enebro, se quedó dormido; y he aquí luego un ángel le tocó, y le dijo: Levántate, come.

6 Entonces él miró, y he aquí a su cabecera una torta cocida sobre las ascuas, y una vasija de agua; y comió y bebió, y volvió a dormirse.

7 Y volviendo el ángel de Jehová la segunda vez, lo tocó, diciendo: Levántate y come, porque largo camino te resta.

8 Se levantó, pues, y comió y bebió; y fortalecido con aquella comida caminó cuarenta días y cuarenta noches hasta Horeb, el monte de Dios.

9 Y allí se metió en una cueva, donde pasó la noche. Y vino a él palabra de Jehová, el cual le dijo: ¿Qué haces aquí, Elías?

10 El respondió: He sentido un vivo celo por Jehová Dios de los ejércitos; porque los hijos de Israel han dejado tu pacto, han derribado tus altares, y han matado a espada a tus profetas; y sólo yo he quedado, y me buscan para quitarme la vida.

11 El le dijo: Sal fuera, y ponte en el monte delante de Jehová. Y he aquí Jehová que pasaba, y un grande y poderoso viento que rompía los montes, y quebraba las peñas delante de Jehová; pero Jehová no estaba en el viento. Y tras el viento un terremoto; pero Jehová no estaba en el terremoto.

12 Y tras el terremoto un fuego; pero Jehová no estaba en el fuego. Y tras el fuego un silbo apacible y delicado.

13 Y cuando lo oyó Elías, cubrió su rostro con su manto, y salió, y se puso a la puerta de la cueva. Y he aquí vino a él una voz, diciendo: ¿Qué haces aquí, Elías?

14 El respondió: He sentido un vivo celo por Jehová Dios de los ejércitos; porque los hijos de Israel han dejado tu pacto, han derribado tus altares, y han matado a espada a tus profetas; y sólo yo he quedado, y me buscan para quitarme la vida.

15 Y le dijo Jehová: Ve, vuélvete por tu camino, por el desierto de Damasco; y llegarás, y ungirás a Hazael por rey de Siria.

16 A Jehú hijo de Nimsi ungirás por rey sobre Israel; y a Eliseo hijo de Safat, de Abel-mehola, ungirás para que sea profeta en tu lugar.

17 Y el que escapare de la espada de Hazael, Jehú lo matará; y el que escapare de la espada de Jehú, Eliseo lo matará.

18 Y yo haré que queden en Israel siete mil, cuyas rodillas no se doblaron ante Baal, y cuyas bocas no lo besaron.

Llamamiento de Eliseo

19 Partiendo él de allí, halló a Eliseo hijo de Safat, que araba con doce yuntas delante de sí, y él tenía la última. Y pasando Elías por delante de él, echó sobre él su manto.

20 Entonces dejando él los bueyes, vino corriendo en pos de Elías, y dijo: Te ruego que me dejes besar a mi padre y a mi madre, y luego te seguiré. Y él le dijo: Ve, vuelve; ¿qué te he hecho yo?

21 Y se volvió, y tomó un par de bueyes y los mató, y con el arado de los bueyes coció la carne, y la dio al pueblo para que comiesen. Después se levantó y fue tras Elías, y le servía.

EL VIENTO Y EL MAR LE OBEDECEN

Marcos 4:35-41 / Reina-Valera 1960 (RVR1960)

Jesús calma la tempestad

35 Aquel día, cuando llegó la noche, les dijo: Pasemos al otro lado.

36 Y despidiendo a la multitud, le tomaron como estaba, en la barca; y había también con él otras barcas.

37 Pero se levantó una gran tempestad de viento, y echaba las olas en la barca, de tal manera que ya se anegaba.

38 Y él estaba en la popa, durmiendo sobre un cabezal; y le despertaron, y le dijeron: Maestro, ¿no tienes cuidado que perecemos?

39 Y levantándose, reprendió al viento, y dijo al mar: Calla, enmudece. Y cesó el viento, y se hizo grande bonanza.

40 Y les dijo: ¿Por qué estáis así amedrentados? ¿Cómo no tenéis fe?

41 Entonces temieron con gran temor, y se decían el uno al otro: ¿Quién es éste, que aun el viento y el mar le obedecen?

PEDRO ES LIBRADO DE LA CÁRCEL

Hechos 12:1-19 / Reina-Valera 1995 (RVR1995)

Jacobo, muerto; Pedro, encarcelado

1. En aquel mismo tiempo, el rey Herodes echó mano a algunos de la iglesia para maltratarlos.

2 Mató a espada a Jacobo, hermano de Juan,

3 y al ver que esto había agradado a los judíos, procedió a prender también a Pedro. Eran entonces los días de los Panes sin levadura.

4. Tomándolo preso, lo puso en la cárcel, entregándolo a cuatro grupos de cuatro soldados cada uno, para que lo vigilaran; y se proponía sacarlo al pueblo después de la Pascua.

5 Así que Pedro estaba custodiado en la cárcel, pero la iglesia hacía sin cesar oración a Dios por él.

Pedro es librado de la cárcel

6 Cuando Herodes lo iba a sacar, aquella misma noche estaba Pedro durmiendo entre dos soldados, sujeto con dos cadenas, y los guardas delante de la puerta custodiaban la cárcel.

7 Y se presentó un ángel del Señor y una luz resplandeció en la cárcel; y tocando a Pedro en el costado, lo despertó, diciendo: «Levántate pronto.» Y las cadenas se le cayeron de las manos.

8 Le dijo el ángel: «Cíñete y átate las sandalias.» Él lo hizo así. Y le dijo: «Envuélvete en tu manto y sígueme.»

9 Pedro salió tras el ángel, sin saber si lo que el ángel hacía era realidad; más bien pensaba que veía una visión.

10 Habiendo pasado la primera y la segunda guardia, llegaron a la puerta de hierro que daba a la ciudad, la cual se les abrió por sí misma. Salieron y pasaron una calle, y luego el ángel se apartó de él.

11 Entonces Pedro, volviendo en sí, dijo: «Ahora entiendo verdaderamente que el Señor ha enviado su ángel y me ha librado de la mano de Herodes y de todo lo que el pueblo de los judíos esperaba.»

12 Al darse cuenta de esto, llegó a casa de María, la madre de Juan, el que tenía por sobrenombre Marcos. Muchos estaban allí reunidos, orando.

13 Cuando Pedro llamó a la puerta del patio, salió a atender una muchacha llamada Rode,

14 la cual, al reconocer la voz de Pedro, de gozo no abrió la puerta, sino que corriendo adentro dio la nueva de que Pedro estaba a la puerta.

15 Ellos le dijeron:
—¡Estás loca!
Pero ella aseguraba que así era.
Entonces ellos decían:
—¡Es su ángel!

16 Pero Pedro persistía en llamar; y cuando abrieron y lo vieron, se quedaron atónitos.

17 Pero él, haciéndoles con la mano señal de que callaran, les contó cómo el Señor lo había sacado de la cárcel. Y dijo:

—Haced saber esto a Jacobo y a los hermanos.

Luego salió y se fue a otro lugar.

18 Cuando se hizo de día, se produjo entre los soldados un alboroto no pequeño sobre qué habría sido de Pedro.

19 Pero Herodes, habiéndolo buscado sin hallarlo, después de interrogar a los guardas ordenó llevarlos a la muerte. Después descendió de Judea a Cesarea y se quedó allí.

LA VENIDA DEL ESPÍRITU SANTO
Hechos 2:1-13 / Reina-Valera 1960 (RVR1960)

La venida del Espíritu Santo

1 Cuando llegó el día de Pentecostés, estaban todos unánimes juntos.

2 Y de repente vino del cielo un estruendo como de un viento recio que soplaba, el cual llenó toda la casa donde estaban sentados;

3. y se les aparecieron lenguas repartidas, como de fuego, asentándose sobre cada uno de ellos.

4 Y fueron todos llenos del Espíritu Santo, y comenzaron a hablar en otras lenguas, según el Espíritu les daba que hablasen.

5 Moraban entonces en Jerusalén judíos, varones piadosos, de todas las naciones bajo el cielo.

6 Y hecho este estruendo, se juntó la multitud; y estaban confusos, porque cada uno les oía hablar en su propia lengua.

7 Y estaban atónitos y maravillados, diciendo: Mirad, ¿no son galileos todos estos que hablan?

8 ¿Cómo, pues, les oímos nosotros hablar cada uno en nuestra lengua en la que hemos nacido?

9 Partos, medos, elamitas, y los que habitamos en Mesopotamia, en Judea, en Capadocia, en el Ponto y en Asia,

10. en Frigia y Panfilia, en Egipto y en las regiones de África más allá de Cirene, y romanos aquí residentes, tanto judíos como prosélitos,

11 cretenses y árabes, les oímos hablar en nuestras lenguas las maravillas de Dios.

12 Y estaban todos atónitos y perplejos, diciéndose unos a otros: ¿Qué quiere decir esto?

13. Mas otros, burlándose, decían: Están llenos de mosto.

JESÚS ANDA SOBRE EL MAR
Mateo 14:22-33 / Reina-Valera 1960 (RVR1960)

Jesús anda sobre el mar

22. *En seguida Jesús hizo a sus discípulos entrar en la barca e ir delante de él a la otra ribera, entre tanto que él despedía a la multitud.*

23 Despedida la multitud, subió al monte a orar aparte; y cuando llegó la noche, estaba allí solo.

24 Y ya la barca estaba en medio del mar, azotada por las olas; porque el viento era contrario.

25 Mas a la cuarta vigilia de la noche, Jesús vino a ellos andando sobre el mar.

26 Y los discípulos, viéndole andar sobre el mar, se turbaron, diciendo: !!Un fantasma! Y dieron voces de miedo.

27 Pero en seguida Jesús les habló, diciendo: ¡Tened ánimo; yo soy, no temáis!

28 Entonces le respondió Pedro, y dijo: Señor, si eres tú, manda que yo vaya a ti sobre las aguas.

29 Y él dijo: Ven. Y descendiendo Pedro de la barca, andaba sobre las aguas para ir a Jesús.

30 Pero al ver el fuerte viento, tuvo miedo; y comenzando a hundirse, dio voces, diciendo: ¡Señor, sálvame!

31 Al momento Jesús, extendiendo la mano, asió de él, y le dijo: ¡Hombre de poca fe! ¿Por qué dudaste?

32 Y cuando ellos subieron en la barca, se calmó el viento.

33 Entonces los que estaban en la barca vinieron y le adoraron, diciendo: Verdaderamente eres Hijo de Dios.

LA SANA DOCTRINA
Tito 2:1-15 / Reina-Valera 1960 (RVR1960)

Enseñanza de la sana doctrina

1 Pero tú habla lo que está de acuerdo con la sana doctrina.

2 Que los ancianos sean sobrios, serios, prudentes, sanos en la fe, en el amor, en la paciencia.

3 Las ancianas asimismo sean reverentes en su porte; no calumniadoras, no esclavas del vino, maestras del bien;

4 que enseñen a las mujeres jóvenes a amar a sus maridos y a sus hijos,

5 a ser prudentes, castas, cuidadosas de su casa, buenas, sujetas a sus maridos, para que la palabra de Dios no sea blasfemada.

6 Exhorta asimismo a los jóvenes a que sean prudentes;

7 presentándote tú en todo como ejemplo de buenas obras; en la enseñanza mostrando integridad, seriedad,

8 palabra sana e irreprochable, de modo que el adversario se avergüence, y no tenga nada malo que decir de vosotros.

9 Exhorta a los siervos a que se sujeten a sus amos, que agraden en todo, que no sean respondones;

10 no defraudando, sino mostrándose fieles en todo, para que en todo adornen la doctrina de Dios nuestro Salvador.

11 Porque la gracia de Dios se ha manifestado para salvación a todos los hombres,

12 enseñándonos que, renunciando a la impiedad y a los deseos mundanos, vivamos en este siglo sobria, justa y piadosamente,

13 aguardando la esperanza bienaventurada y la manifestación gloriosa de nuestro gran Dios y Salvador Jesucristo,

14 quien se dio a sí mismo por nosotros para redimirnos de toda iniquidad y purificar para sí un pueblo propio, celoso de buenas obras.

15 Esto habla, y exhorta y reprende con toda autoridad. Nadie te menosprecie.

JESÚS EN LA CASA DE SIMÓN
Lucas 7:36-50 / Reina-Valera 1960 (RVR1960)

Jesús en el hogar de Simón el fariseo

36 Uno de los fariseos rogó a Jesús que comiese con él. Y habiendo entrado en casa del fariseo, se sentó a la mesa.

37 Entonces una mujer de la ciudad, que era pecadora, al saber que Jesús estaba a la mesa en casa del fariseo, trajo un frasco de alabastro con perfume;

38 y estando detrás de él a sus pies, llorando, comenzó a regar con lágrimas sus pies, y los enjugaba con sus cabellos; y besaba sus pies, y los ungía con el perfume.

39 Cuando vio esto el fariseo que le había convidado, dijo para sí: Este, si fuera profeta, conocería quién y qué clase de mujer es la que le toca, que es pecadora.

40 Entonces respondiendo Jesús, le dijo: Simón, una cosa tengo que decirte. Y él le dijo: Di, Maestro.

41 Un acreedor tenía dos deudores: el uno le debía quinientos denarios, y el otro cincuenta;

42 y no teniendo ellos con qué pagar, perdonó a ambos. Di, pues, ¿cuál de ellos le amará más?

43 Respondiendo Simón, dijo: Pienso que aquel a quien perdonó más. Y él le dijo: Rectamente has juzgado.

44 Y vuelto a la mujer, dijo a Simón: ¿Ves esta mujer? Entré en tu casa, y no me diste agua para mis pies; mas ésta ha regado mis pies con lágrimas, y los ha enjugado con sus cabellos.

45 No me diste beso; mas ésta, desde que entré, no ha cesado de besar mis pies.

46 No ungiste mi cabeza con aceite; mas ésta ha ungido con perfume mis pies.

47 Por lo cual te digo que sus muchos pecados le son perdonados, porque amó mucho; mas aquel a quien se le perdona poco, poco ama.

48 Y a ella le dijo: Tus pecados te son perdonados.

49 Y los que estaban juntamente sentados a la mesa, comenzaron a decir entre sí: ¿Quién es éste, que también perdona pecados?

50 Pero él dijo a la mujer: Tu fe te ha salvado, ve en paz.

AGUA DE LA ROCA
Números 20:1-13 / Reina-Valera 1960 (RVR1960)

Agua de la roca

1 Llegaron los hijos de Israel, toda la congregación, al desierto de Zin, en el mes primero, y acampó el pueblo en Cades; y allí murió María, y allí fue sepultada.

2 Y porque no había agua para la congregación, se juntaron contra Moisés y Aarón.

3 Y habló el pueblo contra Moisés, diciendo: !!Ojalá hubiéramos muerto cuando perecieron nuestros hermanos delante de Jehová!

4 ¿Por qué hiciste venir la congregación de Jehová a este desierto, para que muramos aquí nosotros y nuestras bestias?

5 ¿Y por qué nos has hecho subir de Egipto, para traernos a este mal lugar? No es lugar de sementera, de higueras, de viñas ni de granadas; ni aun de agua para beber.

6 Y se fueron Moisés y Aarón de delante de la congregación a la puerta del tabernáculo de reunión, y se postraron sobre sus rostros; y la gloria de Jehová apareció sobre ellos.

7 Y habló Jehová a Moisés, diciendo:

8 Toma la vara, y reúne la congregación, tú y Aarón tu hermano, y hablad a la peña a vista de ellos; y ella dará su agua, y les sacarás aguas de la peña, y darás de beber a la congregación y a sus bestias.

9 Entonces Moisés tomó la vara de delante de Jehová, como él le mandó.

10 Y reunieron Moisés y Aarón a la congregación delante de la peña, y les dijo: !!Oíd ahora, rebeldes! ¿Os hemos de hacer salir aguas de esta peña?

11 Entonces alzó Moisés su mano y golpeó la peña con su vara dos veces; y salieron muchas aguas, y bebió la congregación, y sus bestias.

12 Y Jehová dijo a Moisés y a Aarón: Por cuanto no creísteis en mí, para santificarme delante de los hijos de Israel, por tanto, no meteréis esta congregación en la tierra que les he dado.

13 Estas son las aguas de la rencilla, por las cuales contendieron los hijos de Israel con Jehová, y él se santificó en ellos.

CIELO NUEVO Y TIERRA NUEVA
Apocalipsis 21:1-8 / Reina-Valera 1960 (RVR1960)

Cielo nuevo y tierra nueva

1 Vi un cielo nuevo y una tierra nueva; porque el primer cielo y la primera tierra pasaron, y el mar ya no existía más.

2 Y yo Juan vi la santa ciudad, la nueva Jerusalén, descender del cielo, de Dios, dispuesta como una esposa ataviada para su marido.

3 Y oí una gran voz del cielo que decía: He aquí el tabernáculo de Dios con los hombres, y él morará con ellos; y ellos serán su pueblo, y Dios mismo estará con ellos como su Dios.

4 Enjugará Dios toda lágrima de los ojos de ellos; y ya no habrá muerte, ni habrá más llanto, ni clamor, ni dolor; porque las primeras cosas pasaron.

5 Y el que estaba sentado en el trono dijo: He aquí, yo hago nuevas todas las cosas. Y me dijo: Escribe; porque estas palabras son fieles y verdaderas.

6 Y me dijo: Hecho está. Yo soy el Alfa y la Omega, el principio y el fin. Al que tuviere sed, yo le daré gratuitamente de la fuente del agua de la vida.

7 El que venciere heredará todas las cosas, y yo seré su Dios, y él será mi hijo. 8. Pero los cobardes e incrédulos, los abominables y homicidas, los fornicarios y hechiceros, los idólatras y todos los mentirosos tendrán su parte en el lago que arde con fuego y azufre, que es la muerte segunda.

EL JUICIO DE LAS NACIONES
Mateo 25:31-46 / Reina-Valera 1960 (RVR1960)

El juicio de las naciones

31 Cuando el Hijo del Hombre venga en su gloria, y todos los santos ángeles con él, entonces se sentará en su trono de gloria,

32 y serán reunidas delante de él todas las naciones; y apartará los unos de los otros, como aparta el pastor las ovejas de los cabritos.

33 Y pondrá las ovejas a su derecha, y los cabritos a su izquierda.

34 Entonces el Rey dirá a los de su derecha: Venid, benditos de mi Padre, heredad el reino preparado para vosotros desde la fundación del mundo.

35 Porque tuve hambre, y me disteis de comer; tuve sed, y me disteis de beber; fui forastero, y me recogisteis;

36 estuve desnudo, y me cubristeis; enfermo, y me visitasteis; en la cárcel, y vinisteis a mí.

37 Entonces los justos le responderán diciendo: Señor, ¿cuándo te vimos hambriento, y te sustentamos, o sediento, y te dimos de beber?

38 ¿Y cuándo te vimos forastero, y te recogimos, o desnudo, y te cubrimos?

39 ¿O cuándo te vimos enfermo, o en la cárcel, y vinimos a ti?

40 Y respondiendo el Rey, les dirá: De cierto os digo que en cuanto lo hicisteis a uno de estos mis hermanos más pequeños, a mí lo hicisteis.

41 Entonces dirá también a los de la izquierda: Apartaos de mí, malditos, al fuego eterno preparado para el diablo y sus ángeles.

42 Porque tuve hambre, y no me disteis de comer; tuve sed, y no me disteis de beber;

43 fui forastero, y no me recogisteis; estuve desnudo, y no me cubristeis; enfermo, y en la cárcel, y no me visitasteis.

44 Entonces también ellos le responderán diciendo: Señor, ¿cuándo te vimos hambriento, sediento, forastero, desnudo, enfermo, o en la cárcel, y no te servimos?

45 Entonces les responderá diciendo: De cierto os digo que en cuanto no lo hicisteis a uno de estos más pequeños, tampoco a mí lo hicisteis.

46 E irán éstos al castigo eterno, y los justos a la vida eterna.

DIOS DA EL MANÁ
Éxodo 16:1-15 / Reina-Valera 1960 (RVR1960)

Dios da el maná

1 Partió luego de Elim toda la congregación de los hijos de Israel, y vino al desierto de Sin, que está entre Elim y Sinaí, a los quince días del segundo mes después que salieron de la tierra de Egipto.

2 Y toda la congregación de los hijos de Israel murmuró contra Moisés y Aarón en el desierto;

3 y les decían los hijos de Israel: Ojalá hubiéramos muerto por mano de Jehová en la tierra de Egipto, cuando nos sentábamos a las ollas de carne, cuando comíamos pan hasta saciarnos; pues nos habéis sacado a este desierto para matar de hambre a toda esta multitud.

4 Y Jehová dijo a Moisés: He aquí yo os haré llover pan del cielo; y el pueblo saldrá, y recogerá diariamente la porción de un día, para que yo lo pruebe si anda en mi ley, o no.

5 Mas en el sexto día prepararán para guardar el doble de lo que suelen recoger cada día.

6 Entonces dijeron Moisés y Aarón a todos los hijos de Israel: En la tarde sabréis que Jehová os ha sacado de la tierra de Egipto,

7 y a la mañana veréis la gloria de Jehová; porque él ha oído vuestras murmuraciones contra Jehová; porque nosotros, ¿qué somos, para que vosotros murmuréis contra nosotros?

8 Dijo también Moisés: Jehová os dará en la tarde carne para comer, y en la mañana pan hasta saciaros; porque Jehová ha oído vuestras murmuraciones con que habéis murmurado contra él; porque nosotros, ¿qué somos? Vuestras murmuraciones no son contra nosotros, sino contra Jehová.

9 Y dijo Moisés a Aarón: Di a toda la congregación de los hijos de Israel: Acercaos a la presencia de Jehová, porque él ha oído vuestras murmuraciones.

10 Y hablando Aarón a toda la congregación de los hijos de Israel, miraron hacia el desierto, y he aquí la gloria de Jehová apareció en la nube.

11 Y Jehová habló a Moisés, diciendo:

12 Yo he oído las murmuraciones de los hijos de Israel; háblales, diciendo: Al caer la tarde comeréis carne, y por la mañana os saciaréis de pan, y sabréis que yo soy Jehová vuestro Dios.

13 Y venida la tarde, subieron codornices que cubrieron el campamento; y por la mañana descendió rocío en derredor del campamento.

14 Y cuando el rocío cesó de descender, he aquí sobre la faz del desierto una cosa menuda, redonda, menuda como una escarcha sobre la tierra.

15 Y viéndolo los hijos de Israel, se dijeron unos a otros: ¿Qué es esto? porque no sabían qué era. Entonces Moisés les dijo: Es el pan que Jehová os da para comer.

DORCAS ES RESUCITADA
Hechos 9:36-43 / Reina-Valera 1960 (RVR1960)

Dorcas es resucitada

36 Había entonces en Jope una discípula llamada Tabita, que traducido quiere decir, Dorcas. Esta abundaba en buenas obras y en limosnas que hacía.

37 Y aconteció que en aquellos días enfermó y murió. Después de lavada, la pusieron en una sala.

38 Y como Lida estaba cerca de Jope, los discípulos, oyendo que Pedro estaba allí, le enviaron dos hombres, a rogarle: No tardes en venir a nosotros.

39 Levantándose entonces Pedro, fue con ellos; y cuando llegó, le llevaron a la sala, donde le rodearon todas las viudas, llorando y mostrando las túnicas y los vestidos que Dorcas hacía cuando estaba con ellas.

40 Entonces, sacando a todos, Pedro se puso de rodillas y oró; y volviéndose al cuerpo, dijo: Tabita, levántate. Y ella abrió los ojos, y al ver a Pedro, se incorporó.

41 Y él, dándole la mano, la levantó; entonces, llamando a los santos y a las viudas, la presentó viva.

42 Esto fue notorio en toda Jope, y muchos creyeron en el Señor.

43 Y aconteció que se quedó muchos días en Jope en casa de un cierto Simón, curtidor.

EL AFÁN Y LA ANSIEDAD
Lucas 12:22-31 / Reina-Valera 1960 (RVR1960)

El afán y la ansiedad

22 Dijo luego a sus discípulos: Por tanto os digo: No os afanéis por vuestra vida, qué comeréis; ni por el cuerpo, qué vestiréis.

23 La vida es más que la comida, y el cuerpo que el vestido.

24 Considerad los cuervos, que ni siembran, ni siegan; que ni tienen despensa, ni granero, y Dios los alimenta. ¿No valéis vosotros mucho más que las aves?

25 ¿Y quién de vosotros podrá con afanarse añadir a su estatura un codo?

26 Pues si no podéis ni aun lo que es menos, ¿por qué os afanáis por lo demás?

27 Considerad los lirios, cómo crecen; no trabajan, ni hilan; mas os digo, que ni aun Salomón con toda su gloria se vistió como uno de ellos.

28 Y si así viste Dios la hierba que hoy está en el campo, y mañana es echada al horno, ¿cuánto más a vosotros, hombres de poca fe?

29 Vosotros, pues, no os preocupéis por lo que habéis de comer, ni por lo que habéis de beber, ni estéis en ansiosa inquietud.

30 Porque todas estas cosas buscan las gentes del mundo; pero vuestro Padre sabe que tenéis necesidad de estas cosas. 31. Mas buscad el reino de Dios, y todas estas cosas os serán añadidas.

JESÚS SANA A LOS ENFERMOS
Marcos 7:24-37 / Reina-Valera 1960 (RVR1960)

La fe de la mujer sirofenicia

24 Levantándose de allí, se fue a la región de Tiro y de Sidón; y entrando en una casa, no quiso que nadie lo supiese; pero no pudo esconderse.

25 Porque una mujer, cuya hija tenía un espíritu inmundo, luego que oyó de él, vino y se postró a sus pies.

26 La mujer era griega, y sirofenicia de nación; y le rogaba que echase fuera de su hija al demonio.

27 Pero Jesús le dijo: Deja primero que se sacien los hijos, porque no está bien tomar el pan de los hijos y echarlo a los perrillos.

28 Respondió ella y le dijo: Sí, Señor; pero aun los perrillos, debajo de la mesa, comen de las migajas de los hijos.

29 Entonces le dijo: Por esta palabra, ve; el demonio ha salido de tu hija.

30 Y cuando llegó ella a su casa, halló que el demonio había salido, y a la hija acostada en la cama.

Jesús sana a un sordomudo

31 Volviendo a salir de la región de Tiro, vino por Sidón al mar de Galilea, pasando por la región de Decápolis.

32 Y le trajeron un sordo y tartamudo, y le rogaron que le pusiera la mano encima.

33 Y tomándole aparte de la gente, metió los dedos en las orejas de él, y escupiendo, tocó su lengua;

34 y levantando los ojos al cielo, gimió, y le dijo: Efata, es decir: Sé abierto.

35 Al momento fueron abiertos sus oídos, y se desató la ligadura de su lengua, y hablaba bien.

36 Y les mandó que no lo dijesen a nadie; pero cuanto más les mandaba, tanto más y más lo divulgaban.

37 Y en gran manera se maravillaban, diciendo: bien lo ha hecho todo; hace a los sordos oír, y a los mudos hablar.

JESÚS Y NICODEMO
Juan 3:1-13 / Reina-Valera 1960 (RVR1960)

Jesús y Nicodemo

1 Había un hombre de los fariseos que se llamaba Nicodemo, un principal entre los judíos.

2 Este vino a Jesús de noche, y le dijo: Rabí, sabemos que has venido de Dios como maestro; porque nadie puede hacer estas señales que tú haces, si no está Dios con él.

3 Respondió Jesús y le dijo: De cierto, de cierto te digo, que el que no naciere de nuevo, no puede ver el reino de Dios.

4 Nicodemo le dijo: ¿Cómo puede un hombre nacer siendo viejo? ¿Puede acaso entrar por segunda vez en el vientre de su madre, y nacer?

5 Respondió Jesús: De cierto, de cierto te digo, que el que no naciere de agua y del Espíritu, no puede entrar en el reino de Dios.

6 Lo que es nacido de la carne, carne es; y lo que es nacido del Espíritu, espíritu es.

7 No te maravilles de que te dije: Os es necesario nacer de nuevo.

8 El viento sopla de donde quiere, y oyes su sonido; mas ni sabes de dónde viene, ni a dónde va; así es todo aquel que es nacido del Espíritu.

9 Respondió Nicodemo y le dijo: ¿Cómo puede hacerse esto?

10 Respondió Jesús y le dijo: ¿Eres tú maestro de Israel, y no sabes esto?

11 De cierto, de cierto te digo, que lo que sabemos hablamos, y lo que hemos visto, testificamos; y no recibís nuestro testimonio.

12 Si os he dicho cosas terrenales, y no creéis, ¿cómo creeréis si os dijere las celestiales?

13 Nadie subió al cielo, sino el que descendió del cielo; el Hijo del Hombre, que está en el cielo.

EL CIEGO BARTIMEO RECIBE LA VISTA

Marcos 10:46-52 / Reina-Valera 1960 (RVR1960)

El ciego Bartimeo recibe la vista

46 Entonces vinieron a Jericó; y al salir de Jericó él y sus discípulos y una gran multitud, Bartimeo el ciego, hijo de Timeo, estaba sentado junto al camino mendigando.

47 Y oyendo que era Jesús nazareno, comenzó a dar voces y a decir: !!Jesús, Hijo de David, ten misericordia de mí!

48 Y muchos le reprendían para que callase, pero él clamaba mucho más: !!Hijo de David, ten misericordia de mí!

49 Entonces Jesús, deteniéndose, mandó llamarle; y llamaron al ciego, diciéndole: Ten confianza; levántate, te llama.

50 El entonces, arrojando su capa, se levantó y vino a Jesús.

51 Respondiendo Jesús, le dijo: ¿Qué quieres que te haga? Y el ciego le dijo: Maestro, que recobre la vista.

52 Y Jesús le dijo: Vete, tu fe te ha salvado. Y en seguida recobró la vista, y seguía a Jesús en el camino.

BONDAD DE DAVID HACIA MEFI-BOSET

2 Samuel 9:1-13 / Reina-Valera 1960 (RVR1960)

Bondad de David hacia Mefi-boset

1 Dijo David: ¿Ha quedado alguno de la casa de Saúl, a quien haga yo misericordia por amor de Jonatán?

2 Y había un siervo de la casa de Saúl, que se llamaba Siba, al cual llamaron para que viniese a David. Y el rey le dijo: ¿Eres tú Siba? Y él respondió: Tu siervo.

3 El rey le dijo: ¿No ha quedado nadie de la casa de Saúl, a quien haga yo misericordia de Dios? Y Siba respondió al rey: Aún ha quedado un hijo de Jonatán, lisiado de los pies.

4 Entonces el rey le preguntó: ¿Dónde está? Y Siba respondió al rey: He aquí, está en casa de Maquir hijo de Amiel, en Lodebar.

5 Entonces envió el rey David, y le trajo de la casa de Maquir hijo de Amiel, de Lodebar.

6 Y vino Mefi-boset, hijo de Jonatán hijo de Saúl, a David, y se postró sobre su rostro e hizo reverencia. Y dijo David: Mefi-boset. Y él respondió: He aquí tu siervo.

7 Y le dijo David: No tengas temor, porque yo a la verdad haré contigo misericordia por amor de Jonatán tu padre, y te devolveré todas las tierras de Saúl tu padre; y tú comerás siempre a mi mesa.

8 Y él inclinándose, dijo: ¿Quién es tu siervo, para que mires a un perro muerto como yo?

9 Entonces el rey llamó a Siba siervo de Saúl, y le dijo: Todo lo que fue de Saúl y de toda su casa, yo lo he dado al hijo de tu señor.

10 Tú, pues, le labrarás las tierras, tú con tus hijos y tus siervos, y almacenarás los frutos, para que el hijo de tu señor tenga pan para comer; pero Mefi-boset el hijo de tu señor comerá siempre a mi mesa. Y tenía Siba quince hijos y veinte siervos.

11 Y respondió Siba al rey: Conforme a todo lo que ha mandado mi señor el rey a su siervo, así lo hará tu siervo. Mefi-boset, dijo el rey, comerá a mi mesa, como uno de los hijos del rey.

12 Y tenía Mefi-boset un hijo pequeño, que se llamaba Micaía. Y toda la familia de la casa de Siba eran siervos de Mefi-boset.

13 Y moraba Mefi-boset en Jerusalén, porque comía siempre a la mesa del rey; y estaba lisiado de ambos pies.

EL AMOR
1 Corintios 13:1-13 / Reina-Valera 1960 (RVR1960)

La preeminencia del amor

1 Si yo hablase lenguas humanas y angélicas, y no tengo amor, vengo a ser como metal que resuena, o címbalo que retiñe.

2 Y si tuviese profecía, y entendiese todos los misterios y toda ciencia, y si tuviese toda la fe, de tal manera que trasladase los montes, y no tengo amor, nada soy.

3 Y si repartiese todos mis bienes para dar de comer a los pobres, y si entregase mi cuerpo para ser quemado, y no tengo amor, de nada me sirve.

4 El amor es sufrido, es benigno; el amor no tiene envidia, el amor no es jactancioso, no se envanece;

5 no hace nada indebido, no busca lo suyo, no se irrita, no guarda rencor;

6 no se goza de la injusticia, más se goza de la verdad.

7 Todo lo sufre, todo lo cree, todo lo espera, todo lo soporta.

8 El amor nunca deja de ser; pero las profecías se acabarán, y cesarán las lenguas, y la ciencia acabará.

9 Porque en parte conocemos, y en parte profetizamos;

10 más cuando venga lo perfecto, entonces lo que es en parte se acabará.

11 Cuando yo era niño, hablaba como niño, pensaba como niño, juzgaba como niño; más cuando ya fui hombre, dejé lo que era de niño.

12 Ahora vemos por espejo, oscuramente; mas entonces veremos cara a cara. Ahora conozco en parte; pero entonces conoceré como fui conocido.

13 Y ahora permanecen la fe, la esperanza y el amor, estos tres; pero el mayor de ellos es el amor.

EL PARALÍTICO DE BETESDA
Juan 5:1-18 / Reina-Valera 1960 (RVR1960)

El paralítico de Betesda

1 Después de estas cosas había una fiesta de los judíos, y subió Jesús a Jerusalén.

2 Y hay en Jerusalén, cerca de la puerta de las ovejas, un estanque, llamado en hebreo Betesda, el cual tiene cinco pórticos.

3 En éstos yacía una multitud de enfermos, ciegos, cojos y paralíticos, que esperaban el movimiento del agua.

4 Porque un ángel descendía de tiempo en tiempo al estanque, y agitaba el agua; y el que primero descendía al estanque después del movimiento del agua, quedaba sano de cualquier enfermedad que tuviese.

5 Y había allí un hombre que hacía treinta y ocho años que estaba enfermo.

6 Cuando Jesús lo vio acostado, y supo que llevaba ya mucho tiempo así, le dijo: ¿Quieres ser sano?

7 Señor, le respondió el enfermo, no tengo quien me meta en el estanque cuando se agita el agua; y entre tanto que yo voy, otro desciende antes que yo.

8 Jesús le dijo: Levántate, toma tu lecho, y anda.

9 Y al instante aquel hombre fue sanado, y tomó su lecho, y anduvo. Y era día de reposo aquel día.

10 Entonces los judíos dijeron a aquel que había sido sanado: Es día de reposo; no te es lícito llevar tu lecho.

11 El les respondió: El que me sanó, él mismo me dijo: Toma tu lecho y anda.

12 Entonces le preguntaron: ¿Quién es el que te dijo: Toma tu lecho y anda?

13 Y el que había sido sanado no sabía quién fuese, porque Jesús se había apartado de la gente que estaba en aquel lugar.

14 Después le halló Jesús en el templo, y le dijo: Mira, has sido sanado; no peques más, para que no te venga alguna cosa peor.

15 El hombre se fue, y dio aviso a los judíos, que Jesús era el que le había sanado.

16 Y por esta causa los judíos perseguían a Jesús, y procuraban matarle, porque hacía estas cosas en el día de reposo.

17 Y Jesús les respondió: Mi Padre hasta ahora trabaja, y yo trabajo.

18 Por esto los judíos aún más procuraban matarle, porque no sólo quebrantaba el día de reposo, sino que también decía que Dios era su propio Padre, haciéndose igual a Dios.

Evangelista Pastor David García
Ministerio Iglesia Cristo Salva
P.O. Box 40434
St. Petersburg, FL. 33743
Tel. (727) 564- 7180
Email: mariabadillo7@hotmail.com
Facebook YouTube TikTok

www.ingramcontent.com/pod-product-compliance
Lightning Source LLC
LaVergne TN
LVHW041536060526
838200LV00037B/1009